講談社選書メチエ

672

AI原論

神の支配と人間の自由

西垣 通

MÉTIER

目次

まえがき

古い柱時計が真夜中に口をきき、幼い坊やの相手をしてくれるというのは、児童向けアニメの世界である。では、柱時計のかわりに最新式スピーカーならどうだろうか。

「ＡＩ（人工知能）スピーカーが人間のように親切に助言してくれる」という宣伝文句を真っ正直に受けとる人は、今や決して少なくない。だがいったいなぜ、われわれは機械の言葉にうやうやしく従わなくてはならないのか。いつから機械は神になったのか。

軽々しくコンピュータに判断をゆだねる前に、真剣にとりくむべき本質的考察が欠けている——そう思うのは筆者のみではないだろう。原論抜きの猪突猛進は危険すぎる。まずは正確な視角からＡＩをとらえ直すことが肝要だ。

ＡＩスピーカーだけではない。マスコミからは、時代の閉塞感を打ち破ろうと、連日のようにニュースがとどく。「人間より賢く、投資相談や医療診断をしてくれるコンピュータ」だの、「感情をもち、人間の言葉を理解できるロボット」だの、それらは明るいニュースのように見える。何しろ最新のＡＩは、囲碁や将棋の名人にも勝てるし、難関大学の入試問題も解けるというのだから頼もしい。約三〇年後にＡＩの知性が人間を超越するというシンギュラリティ（技術的特異点）仮説をとなえる専門家もいるくらいだ……。

とはいえ、ここで頭を冷やしてみようではないか。本当にＡＩはわれわれに理想郷を約束してくれる万能技術なのか。下手をすると、逆の地獄がやってくるかもしれない。半世紀近くコンピュータと付き合い、ＡＩの盛衰を眺めてきた筆者からすると、むくむくと疑問が湧いてくるのである。

まず、「人間を超越する知性」なるものの実体がはっきりしない。人間を超える絶対的な知力、いわば宇宙的英知をもつ機械など、われわれ人間がつくれるのだろうか。われわれは、二〇万年くらい前に生物進化のなかで偶然出現した、風変わりな哺乳類である。身体能力も知覚能力も大して高くないが、大脳新皮質だけは異常に発達している。そういう偏った制限付きの身体をもって地球環境のなかで生き抜くためのツールが本来、人知というものなのだ。それなのに、シンギュラリティ仮説によれば、まるでＡＩが至高神のもつ普遍的な絶対知を実現してくれるかのようだ。

ＡＩが人知を代替するというのなら、まだ理解できないわけではない。むろん、身体をもたない論理機械であるコンピュータには難しいだろうが、まあシミュレーションくらいならできるだろう。ニッコリして片言を話すロボットくらい、簡単につくれるのである。だが、「人知」ではなく「絶対知」をもたらすとなると話は別だ。「絶対知をもたらす」という言葉の奥には、もしかしたら、地上にあらたな理想郷を実現すると言いながら、実は中立公平と称する機械的判断を利用して、人々を巧みに支配しようとする欲望が隠されているかもしれない。

この問題を考察する鍵は、絶対知をとなえるトランス・ヒューマニズム（超人間主義）の哲学的・宗教的・文化的なルーツのなかに潜んでいる。絶対知というからには、人間という制限条件なしで、客観的に世界の事物にアクセスし、宇宙のありさまを分析できなくてはならないはずだ。科学技術の分野には測定データと理論モデルによってそれが可能だと信じている者もいるだろうが、ことはそれほど単純ではない。

現代哲学の主流の議論を踏まえるなら、むしろ話は逆だ。われわれ人間は世界の事物そのものには直接アクセスできず、間主観的に、つまり主観同士の相互すりあわせによる合意形成によって、分析や記述をおこなっているということになる。天文学などの物質科学ならともかく、人間社会の諸判断に関わるAIにおいては、客観性と主観性の相違がくっきりと顕在化してくるのだ。

はたしてAIがめざすのは、人間が生きるための実践的な生命知なのか、それとも普遍的真理にいたる絶対知なのか——この問題を考えるなかで、AIの実相を探り、未来の情報社会のあり方を問いかける原論への挑戦が本書の目的である。

そもそも、絶対知の成立を可能にする現代哲学の議論はあるのだろうか。ここで二一世紀の新たな唯物論として話題を集めているカンタン・メイヤスーの「思弁的実在論」に着目したい。それが数理的に世界を分析するAIの理論的基盤になりうるか否かを、われわれは精査しなくてはいけない。

さらに大きな問題がある。人知は生命知の一種だから、人知の追求と絶対知の追求は相矛盾するように見える。もしトランス・ヒューマニズムが両者は矛盾しないと主張するなら、そこには、絶対知をもつ神に人間が近づいていくという壮大なストーリーがあるのではないか。端的に言えば、それは古代からのユダヤ゠キリスト一神教の物語である。これを読み解くことによってはじめて、AIというものの思想的核心がじわりと分かってくるのだ。

シンギュラリティは到来しないかもしれない。だが、ＡＩの技術自体は今後、確実に発展していく。インターネットのなかに蓄積された各種ビッグデータを処理する専用ＡＩ群が連携して、あたかも汎用ＡＩのような〝人間＝機械〟複合系として機能する日は近いだろう。そういう状況のなかで、「自由意思」や「責任」といった人間社会の諸概念をあらたに捉え直し、ＡＩのゆくえを見定めなくてはならない。

考察の道案内をしてくれるのは、生命体と機械にまたがるサイバネティカルな思考である。生命体の作動と観察の問題、とりわけオートポイエーシス理論をふくむネオ・サイバネティクスからのアプローチが、有益なヒントを与えてくれるはずだ。

＊

なお、本書をまとめるにあたり、以前よりネオ・サイバネティクスの研究にご尽力いただいている講談社選書メチエ編集部の互盛央さんにお世話になった。長年にわたり執筆生活を支えてくれた家族とあわせ、つつしんで御礼を申し上げたい。

西垣　通

二〇一七年一二月

第一章 機械に心はあるのか

1　ＡＩブームふたたび

ＡＩのねらいは生命知か絶対知か

人工知能はいったい何をめざすのか、舞い上がる前にまず吟味しなくてはならない。

ＡＩ（Artificial Intelligence／人工知能）という言葉には、一種の曖昧さが宿っている。その曖昧さは元来、「知」や「知能」という概念自体のもつ独特の曖昧さに由来するといえるだろう。知とは果たして、人間（あるいはより広く生命体）が生存するという実践目的か、それとも、絶対的・普遍的な真理に到達するという形而上学的な理論目的か、いずれのためのものなのだろうか。

前者すなわち生存のためという実践目的は、一神教の伝統のないわれわれにも比較的受け入れやすい。にもかかわらず、前者だとすれば、「人工知能」という言葉は常識的には語義矛盾である。人工（Artificial）とは人為的つまり非自然的なことを指し、機械は人工物だから、生命体からとりあえず峻別されるはずだ。身体をもたず生きていない機械に生存目的の知が宿るはずはないし、コンピュータが知能をもつはずはない、ということになってしまうのである。この矛盾を乗り越えるためには、生命活動と機械的作動の基本的同質性を論証する必要がある。この問題は本書の中心的テーマと関わってくるが、論証は決して容易いものではない。

一方、もし後者だとすれば、「人工知能」という言葉は、端的に「知的作業の自動化」と関連してくるだろう。つまり、たとえば真理を獲得するために煩雑緻密な計算が必要だとして、人手を介さずに計算を自動的におこなってくれる機械があれば、それは一種の人工知能と呼ばれるのである。単なる計算機械では人工知能と呼ぶには不十分だというなら、人工知能の実体は、真理にみちびく知的作業の水準と関連し、とくに高水準の部分を受けもつものということになる。この定義は大雑把だが、かなり分かりやすい。

とはいえ、「絶対的な真理」を追求する理論目的などといえば、違和感をもつ人は多いだろう。文化的多様性が主張され、多元的な価値がゆるされる現代社会において、絶対的真理なるものは、自然科学の分野では存在するかもしれないが、少なくとも人文社会科学の分野では明確とは全然言えないからである。

そこで、次のようなとらえ方もできる。

とりあえず目的が実践的（生命的）か理論的（形而上学的）かという点は棚上げにし、何らかの目的に使われる「手段ないし技術」を指す概念として人工知能を定義するのである。そして、とくに人間にとって高水準の思考にもとづいて実行される作業を自動的におこなう手段ないし技術を人工知能と定義するのだ。作業分野は外国語の翻訳や投資先の選定、自動車の運転など多岐にわたる。この定義は、おそらく多くのＡＩ専門家が納得するものだろう。

しかし、残念ながらこの定義は明確さを欠くので採用できない。なぜなら、目的とこれを達成するための手段／技術というのは、簡単に区別できるものではないからだ。多くの場合、ある最終目的の達成は、その下位にある細かいサブ目的の達成で構成されている。そしてサブ目的の下位にはさらにサブ目的があり、さらにその下位には……という具合で、どこまでも目的の階層関係がつづいていく。そして、最終目的の達成のために、いかなるサブ目的の階層関係を形成するかということ自体にも、多様な手段／技術が関与してこざるをえない。つまり目的と手段／技術は一体であり、相互に絡み合っているのだ。ゆえに、この点を無視して人工知能を目的との関連から切り離し、単なる手段／技術として位置づけることは、決定的な誤りを導いてしまう。

こうして、ＡＩを論じる際には少なくとも、それが生命的な実践目的と形而上学的な理論目的のいずれに関わるものなのかを、つねに念頭において考察を進めなくてはならないことがわかる。

過去のＡＩブームとその挫折

二〇一〇年代に入って、ＡＩは世界的なブームを迎えたと言われている。ところで、ＡＩのブームはこれが初めてではない。ふりかえると、一九五〇―六〇年代の第一次ブーム、八〇年代の第二次ブームがあり、その挫折をふまえて第三次の現在のブームが到来したのである（第一次～第二次ブームのＡＩの概説としては、Barr, Feigenbaum, and Cohen (eds.) 1981-82が代表的である。なお、手軽な日本語文献としては、西垣 一九八八を参照されたい）。とくに第二次ブームのときは日本が経済大国として繁栄をきわめていた時期であり、世界にさきがけて斬新なＡＩを実現する「第五世代コンピュータ」の研究開発が国際的な注目を集めた（渕・赤木 一九八四）。産官学の力を結集したこのプロジェクトは、五〇〇～六〇〇億円という巨費を投じ、技術的成果はあったにもかかわらず、ほとんど実用に供されないまま結局は失敗に終わった。しかし、このことは一般社会には十分に知られていない。過去の経緯をふまえて十分に省察を加えなければ、ふたたび同じ轍をふむことになるだろう。

第一次ブームが起きたのは、コンピュータが誕生した一九四〇年代後半のすぐ後である。「ＡＩ」という言葉は一九五六年に米国ダートマス大学で開かれた国際会議で初めて用いられた（当時、貧乏国だった日本の国内で使用されていたコンピュータは少数であり、したがって第一次ブームの影響はほとんどなかったといってよい）。大切なのは、ＡＩがダートマス会議で誕生したのではなく、むしろ、それ以前からあった論理機械、つまり「記号を形式的なルールにもとづいて自動的に操作する機械」という発想が、この会議で「ＡＩ」という名称のもとに開花したということである。

その背後には、論理学者ゴットロープ・フレーゲの『概念記法』や哲学者バートランド・ラッセルとアルフレッド・ノース・ホワイトヘッドの『数学原理（プリンキピア・マテマティカ）』に代表される論理主義の思想があり、また、記号論理学のなかに数学を包含しようと画した数学者ダーフィット・ヒルベルトの数学基礎論の研究があった。コンピュータの理論モデルをつくった数学者アラン・チューリングや、そのモデルを電子回路で実現するプランの考案者として知られる数学者ジョン・フォン・ノイマンは、いずれも数学基礎論の研究者だった。だから端的にいうと、コンピュータは、記号論理で表される諸命題を所与のルールにもとづいて高速で組み合わせ、正確に推論して結論をえる「思考機械」として誕生したのだ。工学的には、「思考」とはブール代数で表現できる計算の一種であり、ゆえに論理回路をそなえたコンピュータで実現できるはずだ、ということになる（このあたりの情報科学史については、西垣 一九九一（二〇〇八）を参照）。

むろん、科学技術用の数値計算や、事務用のデータ処理計算をおこなうという実務的応用もなかったわけではない。だが、コンピュータ誕生の理論的意義として、絶対的真理を記号の論理操作を通じて導出するという哲学的な意図があったことは間違いない。世界のありさまをフレーゲの考案した述語論理で記述しておけば、形式的な論理操作によって、世界についての客観的な真理命題がえられるはずだからである。実際、ダートマス会議では、『数学原理』に記載された命題群の一部をコンピュータで自動的に導出する「LT（Logic Theorist）」というプログラムが紹介されて多大な注目を集めた。

このように第一次ブームにおいては、「真理の自動導出」という理論目的が追求されたといっても過言ではない。だが実践面ではせいぜい簡単なパズルやゲームに取り組む発見的プログラムが研究されたにとどまった。当然ながら、人間生活における実践的な目的を達成するには、形式的な論理操作だけでは決定的に足りない。たとえば、外国語の翻訳のために、辞書の訳語を文法規則にしたがって並べても、多義語や文法の例外のために大半が失敗してしまう。こうして、第一次ブームはあえなく終了したのである。

そうして絶対的真理の追求という理論目的から、人間の生活に役立つ実践目的に舵を切ったのが第二次ブームだったといってよいだろう。一九八〇年代初頭にはすでにメインフレームとよばれる汎用大型コンピュータが普及し、記憶容量も処理速度も五〇年代よりはるかに向上していた。したがって、社会で認められている多種多様な知識を論理命題の形式で書きくだしておき、これらをメインフレーム・コンピュータで組み合わせれば有用な知識命題が導出されるだろうという発想が、「知識工学（knowledge engineering）」という概念をうみ、第二次ブームを引き起こしたのである。とくに法律家や医者といった専門家（expert）の知識をもちいて自動推論をおこなえば専門家を助言したり代替したりできるはずだという「エキスパート・システム」は多大な期待を集めた。

しかし、絶対的真理の論理的追求（第一次ブーム）から、実践的な知識にもとづく自動推論（第二次ブーム）へのシフトは、致命的な問題点を含んでいた。法律にせよ医療にせよ、あらゆる実践知識のなかには多かれ少なかれ意味的な曖昧性が含まれている。さらに用語には比喩的な広がりがあるので、単独では正しくても、組み合わせると知識命題同士が互いに相矛盾する場合も少なくない。したがって、いくら形式的には厳密な論理操作によって自動推論したところで、導出される結論の意味内容にはどうしても誤謬が紛れ込んでしまう。

第二次ブームの挫折の原因は種々あるが、根本的にはＡＩの出力にたいする信頼の不安定性にあったといっても過言ではない。コンピュータ処理される機械的な情報の表す意味内容をいかに扱うかというアポリアから目をそらし、もっぱら形式的な自動推論の効率向上をねらった日本の第五世代コンピュータが失敗したのも仕方のないことだった。

現在の第三次ＡＩブーム

現在の第三次ＡＩブームの大きな特徴は、第一次や第二次のブームとくらべて、応用範囲が一挙に広がった点にある。そこから汎用ＡＩ（ＡＧＩ／Artificial General Intelligence）や、さらには人知を超えた超ＡＩ（ＡＳＩ／Artificial Super Intelligence）がやがて実現するという予測も現れた。現在のＡＩはすべて特定の応用のための専用ＡＩだが、あたかも人間のようにあらゆる用途にたいして知的作業をこなせる汎用ＡＩの誕生が近いと語る声もないではない。約三〇年後にＡＩが人知をしのいで世界を変えるという、いわゆる「シンギュラリティ（技術的特異点）仮説」はその代表的なものであり、一部の人々から熱狂的に支持されている。

しかし第一次〜第二次ブームの技術と比較して冷静に判断すると、現行ＡＩは、二〇一〇年代前半に「深層学習（Deep Learning）」を中心としたニューラルネット（コネクショニズム）・モデルによる実用的な機械学習が脚光をあび、パターン認識機能が顕著な進展をみせた点、そしてこれによって、インターネットに蓄積された膨大なデータ（ビッグデータ）の多様な処理が可能になりつつある点を除くと、とくに抜本的なパラダイム変換があったわけではない。画像や音声などのパターンの認識は従来からコンピュータの不得意な分野であり、それゆえ大きな期待が生まれているのは確かである。

ただしここで、正確な結果に自動的にたどりつく、という当初のＡＩの目的の切り下げ、ないし転換がおこなわれたことは特筆に値する。周知のように、科学技術計算や事務用データの集計処理などと異なり、パターン認識は必ずしも正確な一義的解答がえられるとは限らない応用分野である。換言すると、処理結果には誤謬がふくまれざるをえない。たとえば、外国語翻訳を一種のパターン認識問題としてとらえ、所与の原文の翻訳と見なされる多くの用例（コーパス）をデータベースから検索して、そのなかでもっとも頻度の多い翻訳文を出力するとすれば、見当違いの誤訳をしてしまう可能性も少なくない。したがって、正確な訳文を出力できないことを、当初のＡＩがめざした「誤謬のない完全無欠な推論の高速実行」からの逸脱ととらえることができるだろう。この逸脱は現行ＡＩの能力の限界を示しているともいえる。なぜなら、たとえもっともらしい結果をＡＩが導いても、その信頼性は厳密にはわからないからである（西垣 二〇一六、第二章ならびに第五章の表1を参照）。

しかし、別の視点からながめて、この逸脱をもう一度肯定的にとらえ直すこともできる。第三次ブームのＡＩの中枢概念は、統計ならびにこれにもとづく確率的予測である。大量のデータを統計的に処理し、確率的な蓋然性の高い答えをみちびくわけだ。たとえば、外国語の翻訳の場合、膨大なデータの統計処理にもとづく確率的な予測が翻訳文の選定に対応する。深層学習では、個々のパターンの特徴を人間があたえることなく、猫の画像などのパターン認識を実行できるように学習していくことができるが、これは統計処理における主成分分析に近い（詳しくは次章で述べる）。

すなわち、第三次ブームのＡＩは、大量データの統計処理が基盤となっているのだが、このことは、見方をかえると、通常のルールにもとづく論理処理より一段抽象度の高い、確率的な次元のルールにもとづく推論処理をおこなっていると見なすことも不可能ではない。たとえば患者のもつ症例データから、当該患者の病名を絶対正確に診断することは人間の医者にとっても困難だが、診断では過去の経験（症例データ）をふまえて検討がなされている。したがって、所与の症例データの背後に統計的なルールがあれば、ＡＩはまさに確率的予測を人間より正確におこなえると考えることもできる。

さらに、第三次ブームのＡＩは、処理の構造が人間の脳の活動に近いという点がしばしば指摘される。深層学習ではいわゆるニューラルネット（コネクショニズム）・モデルが用いられるが、これは人間の脳神経システムを模擬したモデルであり、神経細胞に対応する多数のノード（人工ニューロン）群が互いに連結されている。これらのノードは、人間の脳と同じ多数入力―出力の素子であり、そこでは一種の統計処理が実行されるのである。ニューラルネット・モデルは理論的には第一次／第二次ブームのときから存在したが、計算量が膨大なため、一部をのぞいて実践的応用にはほとんど使用できなかった。これを広く実用に供したのが第三次ブームなのである。もし人間の脳の活動を一種の統計処理と見なせると仮定するなら、深層学習に代表されるＡＩが、従来の第一次／第二次ブームのときのＡＩよりも人間の思考活動にいっそう近接しているという議論が説得力を増すのである。

2　生命と機械

哲学的な疑問

本書の目的は、第一次から第三次にいたるブームの変遷をふまえて、ＡＩの本質をみつめ、今後のＡＩのねらいやゆくえを分析することにある。現在の第三次ブームでは、脳の活動と類似した機能が実用化され、応用範囲も一挙に広がったことから、ＡＩについて楽観的な夢と期待が広がっている。また一方、ＡＩに人間の仕事が奪われて支配されてしまうという悲観論もある。しかし、はたして近々人間のような汎用のＡＩロボットが出現するという議論は、真に知的精査にたえるものなのだろうか。少なくとも、第二次ブームのときから、汎用ＡＩの実現についての根本的な疑問が提示されてきた。その疑問を第三次ブームのＡＩは解消することができるのだろうか。

前述の二つのＡＩの目的、つまり絶対的真理の導出という理論目的と人間の生存のための実践目的という観点からながめると、第一次から第二次ブームにいたって前者から後者への舵が切られたのだが、第三次ブームではいっそう後者が強調されているという印象を受ける。そこでは、「人間のような心をもつ機械」や「人間のような感情をもつヒト型ＡＩロボット」の誕生が目論まれているのである。とはいえ、ここで心とは何か、感情とは何か、などといった根本的疑問に目を向けなくてはならない。なぜなら、もしＡＩが人間のように主体的に思考し判断できると仮定するなら、必然的にそこには自由意思にともなう社会的決定の責任が生じるからである。

だが、たとえばＡＩによる自動運転のクルマが交通事故をおこしたとき、その責任をＡＩに帰してよいのだろうか。それとも、ＡＩは単なる自動機械であって、あくまで設計開発者や製造元企業のトップが責任をとるべきなのだろうか。常識的には後者かもしれないが、それなら「ＡＩの心」について真剣に論じるのは時間の浪費である。こういう問題と取り組まないかぎり、社会制度をふくめてＡＩをただしく位置づけ、開発の方向性を定めることはできない。可愛いロボットの動作が面白いからといって、安易にそれが心をもつと見なし、社会的責任をとらせる議論にまでいくのは飛躍が大きすぎる。

とすると、現在の第三次ブームでは、表面上は人間の生存のための実践目的が追求されているとしても、より深く考察すれば、生命体と機械をつらぬく絶対的な基準や真理のようなものを（もしあれば）参照項としなくてはならない。すなわち、ＡＩを論じる上で、実践目的の追求のために、理論目的にも配慮を加えることが不可欠になってくるのである。さもなければ、シンギュラリティ仮説における「人間をしのぐ知力をもつＡＩ」は不分明なものになってしまうだろう。

近年の傾向として、脳科学の進歩やコンピュータ処理能力の拡大にともなって「ＡＩの心」の実現を肯定的にとらえ、いわゆる「強いＡＩ（strong AI）」[1]を待望する声がＡＩ研究者のあいだで高まっている。強いＡＩとは、端的には人間のような意識をもって主体的に作動し、言語的相互行為をおこなえる機械、より広義には生命的な機械のことと言ってよい。しかし、実は一九八〇年代の第二次ブームの頃から、強いＡＩに対する正面からの批判が哲学者たちによってなされてきている。代表例はヒューバート・ドレイファスやジョン・サールである。ドレイファスはフッサールの現象学やハイデガーの実存哲学にもとづいて、一九七二年に『コンピュータには何ができないか（*What Computers Can't Do*）』を著し、統辞論的な記号操作（記号計算）によって世界の意味を把握できるという錯誤を痛烈に批判した（Dreyfus 1979）。人間とちがって、世界の中に投げ込まれている存在（世界－内－存在）ではないＡＩには、世界の意味を理解することなどできないというのである。また、サールは現象学における志向性（intentionality）に着目し、志向性をもたない機械には心がないと主張した（中国語の意味を理解せずに翻訳をおこなう「中国語の部屋」のエピソードは有名である（Searle 1980））。

　現代哲学とＡＩ技術開発のあいだの溝は非常に深い（なお、本書であつかう「哲学」は、おもに独仏系、つまり大陸系の哲学であり、英米系の分析哲学の議論、たとえば「心の哲学」についてはあまりふれないことにする。後者はコンピュータをツールとして認知活動を研究する「認知科学」などを介して、ＡＩ技術と深くかかわっており、関連図書も少なくない。しかし、前者との関係を問わないかぎり、肝心な点が見逃される、というのが本書の立場である）。哲学者からの批判にたいしてＡＩ研究者がきちんと論駁できたわけではなかったし、それらの批判がＡＩの研究開発に強い影響をあたえたとも考えられない。とりわけ日本では、第五世代コンピュータの研究開発メンバーにとって、哲学者からの批判など、いわば他分野のシロウトがつぶやく難解な繰り言のようなものに過ぎなかっただろう。

とはいえ、いざＡＩを実践目的に使用しようとするとき、ＡＩ研究者の内部から関連する哲学的な疑問が提示されたことは銘記しておかなくてはならない。その代表といえるのが、「フレーム問題」と「記号接地問題」の二つである。[2]

フレーム問題とは、ＡＩが与えられた問題を解決しようとするとき、文脈の記述が難しいので問題の枠組み（フレーム）をうまく画定できず、考慮すべき事がらがどこまでも広がって、お手上げになりがちなことを指している。ＡＩは、きちんと定義されていれば難しい問題でも対処できる一方、流動する状況のもとで問題が曖昧なときには、人間のように柔軟に常識を働かせて対処することが困難なのだ。

また、記号接地問題とは、ＡＩにはコンピュータ内部の記号とそれが表す意味内容を結びつけられないということである。たとえば給料計算を実行しているコンピュータは、数値が貨幣価値を表していることなどとは無関係に形式的な加減算をしている。同様に、外国語翻訳をするＡＩプログラムも、原文の意味をまったく理解していないのだ。ゆえに、いかに構文解析と辞書が高度になっても適切な翻訳文を出力することは難しい。文章の意味をとらえるために、ＡＩの自然言語処理分野ではさまざまな試みがなされてきたが、[3]決定打はえられていない。

この二つの難問は、第二次ブームのとき、ＡＩの決定的な限界と見なされた。だが実は、フレーム問題にせよ、記号接地問題にせよ、本質的にはドレイファスやサールの哲学的批判の一部と見なすことができるのではないか。

流動する文脈や状況、さらに使用される言葉の意味内容といったものは、身体をもって行動する主体からながめた世界のありさまと深く結びついている。人間（より広くは生命体）の「生きる」という欲望や目的が、世界を意味づけ、文脈の迅速な把握を可能にしているのだ。ＡＩが生命のない機械だとすれば、意味や文脈を把握できるはずはない。つまり、フレーム問題や記号接地問題というのは、哲学者からの批判的洞察の一部を、表面的かつコンピュータ工学的に表現しただけなのである。

ウィノグラードの反省

ＡＩ研究と哲学のあいだの溝はきわめて深いが、この溝をあえて渡り、ＡＩ研究の望ましい方向を探ろうと挑戦した人物がいたことを忘れてはならない。ＡＩの自然言語処理分野の名高い研究者テリー・ウィノグラードである。この人物は一九六〇年代後半、人工知能の父といわれるマーヴィン・ミンスキーの指導のもと、マサチューセッツ工科大学でＳＨＲＤＬＵという言語理解システムを研究開発し、その卓越性で一挙に注目をあびた（Winograd 1972）。

ＳＨＲＤＬＵは、ディスプレイの映像のなかで、シミュレートされたロボット・アームが人間と対話しながら円錐、三角錐、直方体などの積み木をあやつる実験システムである。ロボットは「青い直方体の上に赤い円錐を載せてください」といった人間のあたえる指令にもとづいて行動する。「赤い円錐の下にあるのは何ですか？」といった質問にも答える。それゆえロボットは、たとえ小さな世界ではあっても、積み木の世界のありさまを「理解」していると言えるだろう。それぞれの積み木の属性はコンピュータの中で正確に記述されており、したがってロボット・アームは、特定の積み木に関する言述の「意味」を把捉して行動を起こすのである。だから、ここでフレーム問題や記号接地問題を克服したと考えることも可能なのだ。こうして、ＳＨＲＤＬＵとその開発者ウィノグラードの名は一躍ＡＩの成功例として国際的に広がった。

しかし、実はＳＨＲＤＬＵが成功したのは、積み木の世界が「有限の狭小な世界」だからである。それに対して、われわれが住んでいる現実世界は、一瞬先に何が起きるかわからない「無限の可能性にみちた広大無辺の世界」である。言語とはそういう流動的な現実世界で生きるために人間が共同体

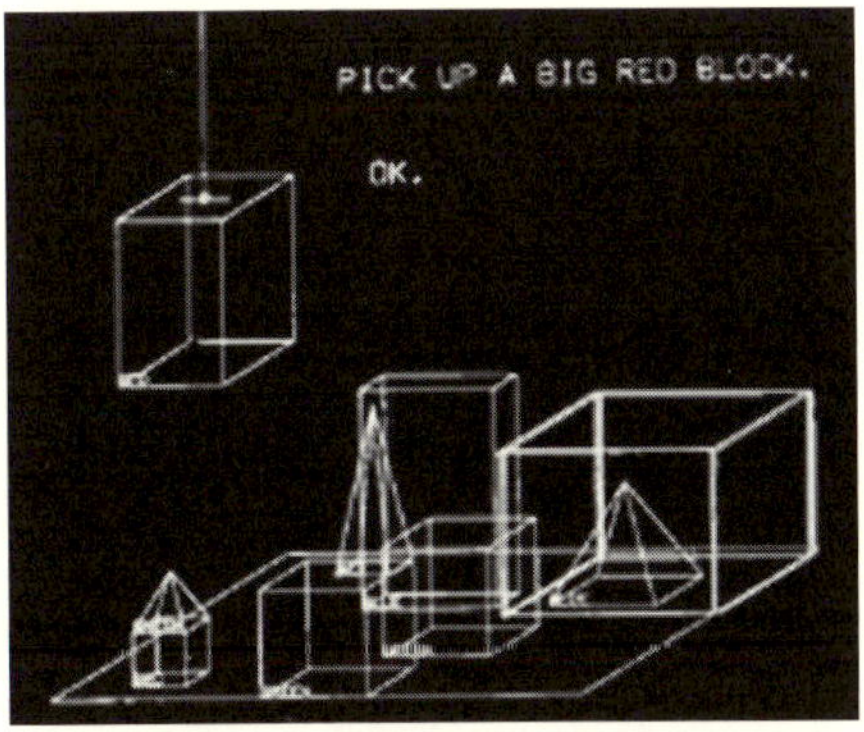

SHRDLUのディスプレイ

テリー・ウィノグラード

で使用するものであり、そこでのコミュニケーションの内容を理解することが言語理解に他ならない。だから、ＳＨＲＤＬＵのロボットが真に人間の言語を理解しているわけではない、という批判が哲学陣営から示された（Dreyfus 1979 の「改訂版への序論」を参照）。

ドレイファスらによるこの種の批判を、ウィノグラードは誠実に受け止めて省察し、その結果、一九八六年に「ＡＩには人間の言語を理解することはできない」というまったく逆の結論をまとめた書物『コンピュータと認知を理解する』を上梓するにいたった。工学関連の書物のなかでは異色なほど哲学的洞察にみちたこの書物のなかで、ウィノグラードはガダマーの解釈学やハイデガーの実存哲学を論拠に、表象（記号）を形式的に操作することで客観世界を理解し、問題を解決しようとするＡＩの方法論を徹底的に批判したのである（Winograd and Flores 1986）。

いわゆる「素朴実在論」とは、われわれ人間を取り巻く現実世界が客観的に実在しており、そこにわれわれが参加しているという考え方だが、大半のＡＩ研究者は一般人と同じくこの分かりやすい世界観を共有している。だが、少なくともカントの批判哲学やフッサールの現象学はこれを根本から否定しているし、ハイデガーの実存哲学をはじめ現代の主流哲学はむろん素朴実在論など支持してはいない。客観的実在などというものは、たとえ存在するにしても、われわれ人間がただちに認知できるわけではないのである。存在物はわれわれの生存活動にともなって出現するというのがハイデガーの考え方であり、ドレイファスらのＡＩ批判はそういう現代哲学の世界観に立脚している。ウィノグラードは、丹念に現代哲学の世界観をあとづけ、そのうえで、今後のＡＩ（自然言語）研究開発はいかなる方向をめざすべきかを論じた。ウィノグラードの主張は、やがて言語行為論をふまえた「コーディネータ」という会話支援システムとして結実することになる（Winograd 1988）。ウィノグラードの自己反省をふまえた議論はきわめて説得力にみち、的を射たものだったが、その後のＡＩ研究の軌道を修正するほどの影響を与えたとはいえない。根本的な批判は等閑視され、かわりにウィノグラードは、ＡＩ研究としては風変わりなシステム「コーディネータ」の開発者として位置づけられただけだったのである。畑違いの哲学者からではなく自然言語研究のエースによる発言なので、それなりにＡＩ研究者から尊重され注目されたが、哲学的難解さのせいで理解されなかったというのが実情だろう。

オートポイエーシスによる生命定義

ウィノグラードの批判的議論は現代哲学だけを支柱とするものではなかった。もう一つの理論的支柱となったのが、生物学者ウンベルト・マトゥラーナとその弟子フランシスコ・ヴァレラによる「オートポイエーシス（自己創出）」理論である（基本文献として、Maturana and Varela 1980 および Varela 1989 の二つをあげておく）。こちらは、現代哲学とは異なり、科学者から体験をふまえて提起された議論であり、生命体と機械の根本的な異質性／同質性にかかわるので、ＡＩ研究者も簡単に無視することは難しい。端的にはＡＩとは、生命体のメカニズムをコンピュータ上でシミュレートすることとも言えるからである。

生命体と機械の関係性という問題に正面から向き合い、生命体の神経システムと電子回路の連続性に着目して統合的に通信と制御の問題を扱ったのが、一九四〇年代後半に天才数学者ノーバート・ウ

ノーバート・ウィーナー

ィーナーによって提唱されたサイバネティクスである（Wiener 1948（1961））。

サイバネティクスでは「心とは何か」が問われた。これは心理学が追求してきたテーマであり、行動心理学のあとに出現した認知科学（cognitive science）では、コンピュータ・モデルを使って心のダイナミックスを研究するさまざまな試みがなされている。認知科学研究の「工学的応用」としてＡＩを位置づけることもできるだろう。そこでは、人間（より広くは生命体）がいかに外界を認知し、その刺激や記憶をもとにいかに行動をおこすかが問われることになる。

関連してさかんにおこなわれているのが脳科学の研究である。たとえば実験動物の脳に測定器具を挿入して、外界からの刺激と脳神経の活動との関係がさかんに探究されているのだ。そこでは暗に、心とは脳によって決定されるものだ、という仮定がおかれている。

しかし、「心が脳によって決定される」という仮定は、はたして十分な説得力をもつだろうか。脳というのは白っぽい一塊の物質であり、外部から観察できる存在である。測定行為が脳にあたえる影響や測定誤差を度外視すれば、誰もが客観的にその活動内容を把握できる。一方、心というのはむしろ主観的な存在であり、内部からしか詳細にその活動を観察し記述することはできない。いわゆる「クオリア（感覚質）」は、その代表である。さらに、内観によってさえ把握が難しい、無意識という領域もある。つまり、心を探究するには、観察者の視点に注目しなくてはならないのだ。

そういう前提のもとに、一九七〇―八〇年代以降に出現したのが、物理学者ハインツ・フォン・フェルスターの二次サイバネティクスや、前述のマトゥラーナ&ヴァレラのオートポイエーシス理論だった。これらはいずれもシステム論であるが、数学者ウィーナーの古典的サイバネティクスが「観察されたシステム（observed system）」を扱うのに対して、「観察するシステム（observing system）」が対象となる。生命体の認知をモデル化するには、外部からの観察ではなく、視点を生命体の内部に移し、生命体が環境のなかで活動しながら内的に世界を構成していく安定点を求めなくてはならない。二次サイバネティクスの「二次（セコンド・オーダー）」とは「観察行為をさらに観察すること」であり、そういう相互作用によって主観による唯我論が克服されると考えられたのである。

ウンベルト・マトゥラーナ

フォン・フェルスターとの学問的交流を通じて生命システムを新たに定義し直したのが、マトゥラーナとヴァレラである。マトゥラーナはカエルやハトの脳神経活動についての実験研究をおこなっていたのだが、そこで生命体の神経システムが機械とはまったく異なることに気づいた。生命体の神経システムにおいては、外部刺激と内部変化のあいだに直接の因果関係があるわけではなく、神経システムは自らの歴史にもとづいて、自らが作動し続けられるように変化するだけなのだ。つまり神経システムは、自己に準拠して自己を創り出していく「オートポイエティック（自己創出）・システム」なのである。

したがって生命体は、物質的には代謝をおこなう開放系であっても、認知的には閉鎖系ということになる。一方、コンピュータのような機械は、外部からその内部変化を予測したり検知したりできる開放系にほかならない。換言すると、機械とは人間によってその作動プログラムを規定された「他律系」であるが、生命体とはその作動プログラムを自ら創り出す「自律系」なのである。実際、複雑なコンピュータ・システムの処理内容を詳細に分析することは原理的に可能だが、原始的動物でも、その行動を完全に予測することは難しい。

こうしてオートポイエーシス理論により、生命体は機械から峻別されることになった。個々の人間の心とは、人間が環境のなかで生存しながら内部的に構成していくものであり、外部世界の表象を一定のルールにもとづいて処理しているわけではない。人間は体験をつうじて内部的に心理的世界を構成していくというのが、ジャン・ピアジェの後をついだエルンスト・フォン・グレーザーズフェルドのラディカル構成主義的な発達心理学の立場である（Glasersfeld 1995）。さらに個人同士がコミュニケートしあう社会のレベルでも同様の考え方がうまれる。理論社会学者ニクラス・ルーマンは、オートポイエーシス理論を社会分析に適用し、近代社会を複数の自律的なコミュニケーション・システムの集まりととらえる機能的分化社会論を展開した（Luhmann 1997）。

二次サイバネティクス、オートポイエーシス理論、ラディカル構成主義心理学、機能的分化社会論などは、いずれも「観察するシステム」に着目するシステム論であり、「観察されたシステム」を対象とする古典的サイバネティクスと対比して「ネオ・サイバネティクス」と呼ばれる。[4]

ネオ・サイバネティカルな観点からすると、生命体と機械は明確に異なるので、「人間のような心をもつロボット」の製作は困難となる。とりわけ、オートポイエーシス理論とラディカル構成主義心理学に立脚すれば、強いＡＩは完全に否定されてしまうはずだ。強いＡＩは、人間の心が外部世界を表象しており、その表象記号を適当なルールにもとづいて操作することが人間の思考だという前提に立っているからである。すなわち、現象学や実存哲学などの現代哲学による批判とほとんど同様の根底的批判が、物理学や生物学といった自然科学分野からもＡＩに向けられたことになる。

3　ロボットという疑似生命

機械的な情報伝達

第三次ＡＩブームの到来とともに、心をもつ機械、いわゆる強いＡＩ実現への期待が高まっていることはすでに述べたとおりである。現代哲学やオートポイエーシス理論にもとづくウィノグラードらによる批判は、主として第二次ブームの頃になされたものだが、はたして二一世紀の現在、状況は変わらないのだろうか。それとも二〇世紀末になされた批判を克服する新たな技術的展望がひらけたのだろうか。

この問題を論じるにあたっては、いったん情報概念の根幹に立ち戻ってみる必要がある。

オートポイエーシス理論において、「情報」という概念は否定的に扱われている。これは当然のことだろう。なぜなら、オートポイエティック・システムは閉鎖系であり、閉鎖系のあいだで情報が授受されることは原理的にありえないからだ。私の心とあなたの心はいずれも閉じている以上、私からあなたに情報を伝達することは不可能となる。

だが、これはＡＩの否定だけでなく、われわれの常識にも反している。「適切なタイミングでみなさんに情報を送ります」といった会話は日常生活でよくおこなわれており、情報社会では、通信機械のあいだだけでなく人間のあいだで、電子メールなどによる情報伝達が常に実行されていると信じられているからだ。だが、これは表面的な矛盾にすぎない。たとえ電子メールに書かれた言語記号そのものは正確に伝達されても、その意味内容が誤解を生むことは常にある。相手に真意を伝えるのが難しいことも、また常識であり、それゆえ心が閉鎖系であるという指摘を否定することは誰にもできない。現代は「情報社会」だと言われるが、そもそも「情報」という概念自体が混乱しているのだ。

クロード・シャノン

こういった混乱の主要な原因は、一九四〇年代に通信工学者クロード・シャノンらによって提唱された「情報理論」の受容のされ方が失敗したことにある。シャノンの理論は、通信機械のあいだの記号伝送の効率と信頼性に関する議論であり、通信工学的には非常に優れていたが、その対象は一般人がいだいている情報のイメージとはまったく異なるものだった。

シャノンはベル電話研究所の研究者で、音声をいかなる電気信号に符号化すれば最適かという研究をしていた。最適化の目的は、ノイズの影響を抑え込みつつなるべく多くの記号を送ることにある。シャノンは「通信の数学的理論」という論文（Shannon and Weaver 1949）で、ノイズの影響をゼロにし、かつ回線の最大容量までの記号送信を可能にする、驚くべき符号化方法を考案した（「第二符号化定理」）。この方法は現在も画像圧縮などに用いられている。その議論のなかでシャノンが扱ったのは、送られる記号が担う「情報量」という概念だった。この値はメッセージのなかで特定の記号系列が出現する確率から計算されるのだが、当時の人々はこの確率を、一般的に現実世界においてある事象が生起する確率であると拡大解釈し、その事象が起こったことを伝達する情報量だと見なしてしまった。このことが致命的な誤解を招いたのである。

シャノンの情報理論はあくまで記号の機械的な伝達に関するものであり、その記号が何を表すか、つまりいかなる事象を指しているかには直接関係がない。「情報」と言っても、それはコンピュータや回線機器などで処理される機械的な情報であり、意味内容とは完全に別次元にあるのである。だが情報とは本来、人間や人間集団にとって「意味＝重要性（significance）」のあること、すなわち生きるうえで価値のあることを示すものである。われわれが日常生活のなかで社会的に使用する「情報」も、もともと生命的な価値と不可分の存在だ。コンピュータ（ＡＩ）が扱う情報も、むろん例外ではない。ただしこのとき、生命的な情報は、いったん社会的に通用する言語などのシンボリックな記号で表現され、さらにそれがコンピュータの内部では効率的な処理のために符号化されて機械的なデジタル信号に変換されているのである。

したがって、ＡＩについて正確に論じるためには、シャノンの情報理論のみにもとづいて議論してはいけない。さもないと、オートポイエティックな閉鎖系である心のあいだで情報が伝達されるという矛盾から逃れることはできなくなる。むろん、コンピュータや通信機器といった情報機器は開放系だから、その内部処理については、メッセージの伝達だけでなくプログラミング処理についても、シャノンの情報理論で十分だろう。そこでは記号の表す「意味」は不問に付され、あくまで形式的なルールにもとづいて記号が送受信されて論理操作されるだけだからだ。しかし、AIにおいては、自然言語処理に代表されるように、人間が社会活動で用いる日本語や英語などの文章をコンピュータが機械的に処理することになる。さらに強いAIでは、コンピュータが人間のかわりに思考し、判断をおこなうと仮定されているのだ。こうして、シャノン情報理論の領域を超えた視点から議論を進めていく必要がでてくるのである。

自由意思と責任

まず、生命体の生存にとって価値をもつ情報（生命情報）、人間社会で言語などのシンボルにもとづいて交換される情報（社会情報）、情報機器で扱われる情報（機械情報）の三者を概念的に区別し、さらに三者のあいだの関係性を考察しなくてはならない。生命情報、社会情報、機械情報を区別し、そのうえで情報伝達を論じるための学問的努力は、以前から「基礎情報学」と呼ばれる分野で、筆者の研究グループによって重ねられてきた。基礎情報学はネオ・サイバネティクスの一環であるが、内容の詳細については関連書籍『基礎情報学』、『続 基礎情報学』、『生命と機械をつなぐ知』などを参照していただきたい（西垣 二〇〇四、西垣 二〇〇八、西垣 二〇一二a）。ここでは以下、本書の目的に照らして最小限の論点だけをまとめておこう。

個人の心はオートポイエティックな閉鎖系であり、脳内の自分の記憶をもとに思考が自己準拠的に発生する。思考の発生プロセスで、身体的なイメージをともなう生命情報から、言語記号などのシンボルで表された社会情報への転換がおこなわれる。それでは、基礎情報学において「情報伝達」はいかに実行されると考えられるのだろうか。

シャノンの情報理論では、メッセージを構成する言語記号が正しく送受されればそれで情報伝達は完結するが、意味内容の授受という点では、相手がメッセージを誤解して不成功に終わる場合も十分ありうる。意味内容の授受の成否をふくめて情報伝達という問題を論じるためには、「階層的自律コミュニケーション・システム（HACS／Hierarchical Autonomous Communication System）」という基礎情報学特有の概念を用いなくてはならない。端的に言えば、これは自律的なコミュニケーション・システムが階層をなしているモデルである。

たとえば、社員の心的システムが下位で、会社という社会システムが上位というモデルは分かりやすいだろう。オートポイエーシス理論は元来、階層関係とは無縁で、相互浸透といった並立関係のみなので、これは大きな特徴である。階層的自律コミュニケーション・システムHACSは、コミュニケーション（脳内コミュニケーションとしての思考をふくむ）を自己準拠的に産出する閉鎖系であり、オートポイエティック・システムと同様の作動をするが、ただHACSは当該システムからの観察記述をおこなう心的システムと構造的にカップリングして複合システムを形成している。これが通常のオートポイエティック・システムと異なる点である。

いま、ある企業の社員Ａが社員Ｂにむけて電子メールでメッセージを送ったとしよう。Ａの思考を反映した電子メールは機械情報だが、いったんネット内で電気信号に変わったのち、Ｂのもとに届けられる。そして、Ｂはそのメールの内容、つまり社会情報の意味を自己準拠的に解釈する。ＡとＢの心的システムはいずれも閉じたＨＡＣＳなので、そこで「意味」が伝わる保証はまったくない。しかしここで、ＡとＢの上位に企業という社会的なＨＡＣＳが成立しており、社員の発話を素材としてコミュニケーションを自己準拠的に産出していることに注目する必要がある。もしＡとＢが交換する電子メールを素材として、上位の社会的ＨＡＣＳで自己準拠的なコミュニケーションが順当に産出され続けていれば、疑似的にせよ、ＡとＢのあいだでの「情報伝達」が実行されており、ＡからＢへ「意味」が伝わったと見なせるのである。なぜなら、疑似的な情報伝達が破綻して意味が伝わらない場合、上位ＨＡＣＳの作動が停滞するなどの齟齬が生じてしまうからだ。このようにして、上位ＨＡＣＳの作動に注目することで、下位の閉鎖系同士の情報伝達をモデル化することができる。

なおこのとき、自律的なコミュニケーションの発生は、下位のＡやＢの心的システムではなく、あくまでも企業という上位の社会的ＨＡＣＳにおいて観察される出来事であり、また、そこでＡやＢはコンピュータと同じように他律システムとしての機能を果たしていることに留意しなくてはならない。一方、ＡやＢの心的システムから見れば、相手の言動の意味は基本的には不可知なのである。ただし、ＡやＢは社員であるから、その言動には企業からの制約が課せられている（たとえば、コミュニケーションは当該企業の利益を増すためのものである、など）。この制約が、しばしば上位ＨＡＣＳのコミュニケーション産出、つまりＡとＢのあいだの疑似的情報伝達を成功させるのだ。

以上の基礎情報学的な枠組みのもとで、自由意思や行動の選択、それにともなう責任といった諸概念を明確に位置付けることができる。心的システムが閉鎖系であり、互いの意思にもとづく行動は予測不能であること、つまり不可知性が、意味解釈の揺れだけでなく、いわゆる「自由意思」の根拠となる。複数の選択肢があり、相手がどれを選ぶかが互いに不明なとき、ある選択肢の決定にともなう正負の社会的効果が「責任」に結びつく。ゆえに自由意思や責任はあくまでも閉鎖的な自律システムにともなう概念であり、開放的な他律システムとは関係がない。ただし、心的システムの言動が上位の社会システムの制約のもとにあって選択肢が事実上限られている場合、自由意思はなく、責任も問えないことになる（たとえば社員が上司の命令でやむを得ず不法行為をはたらいた場合など）。

疑似的な自律性

オートポイエーシス理論の本来の観点からすると、ＡＩロボットが自由意思をもつことなどありえない。したがって責任もとれないことは明白である。ＡＩロボットは一見人間のような自由意思をもっているように見えても、あくまでも他律システム（heteronomous system）であり、真に自律的判断をすることなど不可能なのだ。

世の中で自律システム（autonomous system）と俗称される機械はＡＩロボットに限らずたくさんあるが、それらはすべて単に環境条件の変化にあわせて異なる行動をとる「適応システム（adaptive system）」に他ならない。適応システムの行動は、より抽象的なレベルであらかじめ設計者によって他律的に定められているのである。真の自律性（autonomy）とは、観察者にとっての不可知性と結びついている(たとえば、原始的生物であっても自律システムであるから、その行動を完全には予測できない)。

基礎情報学もネオ・サイバネティカルな議論であり、オートポイエーシス理論を踏まえているので、AIロボットが他律システムであることは否定しない。しかし、生命体と機械は原理的に峻別されるにしても、第三次AIブームでは、より精密な議論が必要である。すなわち、人々が、強いAIを信奉するには至らないとしても、AIロボットにある程度の自律性があると信じ込み、その判断に従うという可能性は決して小さくはないだろう。情報社会の責任問題は、そこで新たな様相を見せることになる。

ここで考慮すべきなのが、メディア学者のマーク・ハンセンが主張している「システム－環境ハイブリッド(SEHS/System-Environment Hybrids)」という概念である(Hansen 2009)。これは、閉鎖系でありながらも、他者性を構成上ゆるすような、高水準の包含性をもつ自律システムのことだ。具体的には、人間の行為を代替するAIエージェントが混在しているような社会システムを想像すれば分かりやすい。

ハンセンはネオ・サイバネティクスの主唱者の一人だが、生命的なオートポイエティック・システムの拡張として、人間社会にみられる特有の創発現象を説明するためにこの概念を提示している。これは一種の〝人間＝機械〟複合系であり、あえて言えば「暫定的閉鎖系(provisional closed system)」と呼べるものである。そこでは社会システムの観察者から見て、機械による他律的な要素を含みつつ、人間社会特有の自律的なコミュニケーションが産出されていくからだ。

ハンセンの議論には古典的な人間中心主義の色彩もあり、必ずしも全面的に説得力に富むものとは言い難い。生命的な自律性という概念を曖昧にするのは、ネオ・サイバネティクスの理論的根幹に関わることだからだ（西垣　二〇一二b）。

とはいえ、人間の心的システムはともかく、企業のような社会システムが今後、一般人の感覚として暫定的閉鎖系に近づいていくことは十分に考えられる。もはやコンピュータはメールの送受信などの決まった論理操作をするだけではない。スマホに話しかけて質問をし、その回答にしたがって人間が行動する、といった事態はごく普通になるだろう。スマホの背後にいるＡＩロボットとの対話を通じて自分の思考を織り上げ、社会的なコミュニケーションをおこなう若者の数も、増えていくはずである。ＡＩロボットは、原理的には単なる他律システムかもしれないが、その影響のもとで人間社会がいかに変容していくかを洞察しなくてはならない。

とくにＡＩの作動は非常に複雑なプログラムにもとづいて実行されるので、その出力を予測することは、原理的には可能でも事実上は困難になると思われる。たとえば、右に述べた社員Ａが、社員ＢではなくＡＩロボットＲと電子メールを交換しているとしよう。Ａから見ると、たとえＲが人間ではないと分かっていても、その返答の予測が難しい場合も少なくない。前述のように、相手の意味解釈の揺れは、本来は相手が閉鎖系であるための不可知性に起因しているのだが、Ｒは事実上そういう印象を与えるのである。つまり、Ａから見ると、あたかもＲが自由意思をもっているという感じがするかもしれない。

これは、ある心的システムから眺めたとき、ＡＩロボットがあたかも心をもっているように感じらいれるということである。では、上位の企業システムの観察者から眺めた時、ＡとロボットＲの対話はどう見えるだろうか。すでに述べたように、ＡとＢという社員同士の対話は、上位の企業システムの観察者から見れば、コミュニケーションの素材提供という機能を果たしており、そこではＡもＢも他律システムと同様なのである。とすれば、ＡとＲの対話もこれと同じことになるだろう。すなわち、Ｒは「疑似的自律性」をもっていると考えることも可能なのである。

以上の議論にもとづいて、第三次ＡＩブームをいまいちど省察してみることが必要である。今や技術の革新にともなって、以前の第一次ないし第二次ブームより疑似的自律性がいっそう強調されていくことは間違いない。では、強いＡＩを一般の人々が信じ始めるとき、疑似的自律性をもつＡＩの目的はいかなるものだろうか。それは人間の生存に資するという実践目的なのか、それとも絶対的真理を求める抽象的な理論目的なのか、いずれなのだろうか。この問いかけを念頭において、次章では第三次ＡＩブームの技術内容にもう一歩踏み込んでいこう。

第二章

汎用ＡＩネットワーク

1　脳型コンピューティング

ニューラルネット・モデル

二〇一〇年代の第三次ＡＩブームの技術的特徴を整理してみよう。引き金となったのは、機械学習によるパターン認識が実用化され、ビッグデータの活用の道が開けたことに他ならない。そこで用いられているのは、人間の脳の神経系に類似した「ニューラルネット（神経回路網）・モデル」である。これは別名「コネクショニズム・モデル」とも呼ばれ、実は第一次〜第二次ブームの頃から理論的に検討されていた。有名なのは、心理学者フランク・ローゼンブラットが一九五〇年代末に提唱した「パーセプトロン」という機械学習モデルであり（Rosenblatt 1958）、人工的なニューロン（神経細胞）の集合体からなる二層（入力層、出力層）または三層（入力層、中間層、出力層）で構成されている。学習の対象となるのは、各層の人工ニューロン同士の結合度である。

人間の脳神経には千数百億個のニューロンがあり、相互にシナプスという接合部を介して結合されている。あるニューロンが電気的に発火すると、そのパルスはシナプス経由で隣接したニューロンに伝わる。パルスの電位の和が閾値を超えると、伝えられたニューロンもまた発火し、シナプスの強度も上昇する。こういうダイナミックスがわれわれ人間の認知や思考のベースをつくっているというのが、脳科学の考え方である。すなわち脳のニューロンとは、端的には「学習する多数決論理素子」と見なせるわけだが、パーセプトロンは基本的にこういうメカニズムを模倣したモデルである。

入力層に簡単な画像を入力し、各層の人工ニューロン間の結合度を学習して変化させていくことによって、パーセプトロンは画像パターンの分類実験に成功した。結合度の学習においては、誤差を逆方向（出力から入力への方向）に伝播していくなどの方法が用いられる。ただし、複雑な画像パターンの分類は難しく、しかも当時のコンピュータの性能では、せいぜい実験的なパターン認識が限界で、とても各種のコンピュータ・アプリケーションを効率的に実行することなど不可能だったのである。

ちなみに、第一次〜第二次ブームにおけるＡＩの主流は、記号データを論理的に操作する通常のプログラミングの一部として、論理命題の組み合わせによる推論の自動化をおこなうものが大半だった。ＡＩという言葉が生まれた一九五六年のダートマス会議でアラン・ニューウェルとハーバート・サイモンによって提示された「ＬＴ（Logic Theorist）」というプログラムは、ラッセルとホワイトヘッドの『数学原理（プリンキピア・マテマティカ）』に書かれた諸定理の一部を公理から演繹することに成功したし、さらにその発展形である「ＧＰＳ（General Problem Solver）」は、その名の通り、一般的な問題解決をＡＩが実行できるという多大な期待をいだかせたのである。

こういうアプローチは「記号計算主義」と呼ばれ、日本の第五世代コンピュータも、忠実にこの路線をたどった。そこ

フランク・ローゼンブラット

には、AIによって、知識をもとに効率よく結論をえるという実用目的だけでなく、むしろ人間を超える絶対的な真理に正確に到達できるという信念さえ見られたのである。しかし、前章で述べたように、その期待はフレーム問題や記号接地問題などの難問の前であえなく挫折してしまった。ドレイファスやサールなど哲学者からの批判も、主としてこの記号計算モデルのAIに向けられたのである。

一方、ニューラルネット・モデルは、同じコンピュータを使用するにしても、記号計算モデルとはややアプローチが異なる。ある事物は、記号計算モデルでは、原則として一つの記号で集中的に表されるが、ニューラルネット・モデルではメモリ内の多数の記号のなかに分散して表される。また、前者では、推論がうまくいけば決定論的に解がえられるが、後者では学習のプロセスを通じて次第に正解に近づいていくのである。こういうアプローチの相違によって、ニューラルネット・モデルではフレーム問題や記号接地問題の輪郭や核心がぼやけてしまうのだ。

実は後述するように、アプローチの相違はあっても、両者はともに外部世界をコンピュータのなかに表象しているのであり、本質は変わらない。しかし、研究者のなかに、ニューラルネット・モデルによってもしかしたら難問を克服できるのではないかという希望が胚胎していたことは確かである。

ニューラルネット・モデルの応用分野は、主に画像や音声などのパターン認識である（自然言語のテキストを記号パターンと見なすこともある）。パターン認識は、数値計算などと違って決定論的な解が求められにくいので、以前からコンピュータにとってもっとも不得意な分野として知られていた。だが、音声や画像など多様なビッグデータを高速処理するには人手がかかりすぎ、どうしてもコンピュータによる高度なパターン認識機能が不可欠である。それゆえ、インターネットの普及にともなう爆発的なデータ量の増大とともに、ニューラルネット・モデルが新しいＡＩとして脚光を浴びたのは当然のことでもあった。

さらに、ニューラルネット・モデルに期待が集まっているのは、単に実用目的だけではない。それによって、いよいよ「人間のような心をもつ機械（ＡＩロボット）」が実現するのではないか、という理論的な関心が高まったのだ。なぜなら、そのモデルは人間の脳神経系に類似しているからである。

もし脳が心をつくっているとすれば、たとえコンピュータ・シミュレーションにせよ、脳神経と構造的に近いモデルによって人間の心の機能を実現できるのではないか、という思い込みが生まれるのはひとまず納得のいくところだろう。記号計算モデルは正確な推論を実行するもの、つまり論理的な思考機械を「心」だと見なしたが、ニューラルネット・モデルは機械学習ならびに脳との類似性によって「心」に迫るのである。当然ながら、学習のプロセスでＡＩは多くの誤りをおかす。したがってＡＩにおけるニューラルネット・モデルの台頭は、絶対真理の追求という理論目的より、人間生存にとっての有益性という実践目的が顕在化したものととらえることもできる。

深層学習

ニューラルネット・モデルはその非効率性と非実用性のために第一次〜第二次ブームでは脇役に甘んじたが、その後も地道な研究は続けられてきた。[1] 二〇一〇年代以降の第三次ブームでは間違いなく主役の座をしめている。

第二次ブームからの経緯の詳細は省略するが、脚光をあびたのはジェフリー・ヒントンによる「深

ジェフリー・ヒントン

層学習（Deep Learning)」の成功である。二〇一二年の機械学習コンテストで圧倒的な差をつけて優勝したこの技術は、間違いなく機械学習におけるブレイクスルーだったと言えるだろう（なお、深層学習といっても専門的には、確率的なもの、決定論的なものなど、さまざまな細かい相違があり、ひきつづき改良が試みられている。だが、その詳細は類書にゆずり（機械学習の専門論文以外で比較的よくまとまっている技術文献として、岡谷 二〇一五、神嶌編 二〇一五の二つがある）、ここでは本質的な特徴についてふれるにとどめる)。

深層学習とは基本的に、パーセプトロンのような三層のニューラルネット・モデルの学習を、多段に繰り返していく機械学習の方法である。人間の脳では数多くの層にまたがる学習がおこなわれていると考えられているが、コンピュータでこれを一挙に実行すると誤差逆伝播による学習がなかなかうまくいかない。したがって三層のニューラルネット・モデルの学習を単位として繰り返し、結果として深い多層の学習を実行する、という方法を用いるのである。これが深層ニューラルネット・モデルと呼ばれるものだ。[2]

ところで、現在のＡＩの深層学習と従来の機械学習との大きな相違は、「教師なし学習」と「教師あり学習」の違いだと言ってよい。教師あり学習というのは、パターンの認識（分類）においてコンピュータに人間が外部から正解を教えていく方法である。具体的には、学習する前に分類すべきパターンの特徴を人間が設計し、これをコンピュータに入力するのである。たとえば郵便番号の手書き文字認識の場合、「4」であれば右下隅に交差点があり、左上に斜線がある、といった特徴を教え込むわけだ。パターンが数多くあるとき、この特徴設計の作業は非常に厄介である。逆にいうと、いかに巧妙な特徴設計をおこなうかが事実上、コンピュータによるパターン認識の効率をほぼ決定していたのだ。

しかし、教師なし学習である深層学習では、こういう面倒な特徴設計作業が不要になる。すなわち、コンピュータが自動的にパターンの特徴をとらえ、分類を実行できるように学習していくわけだ。

そこで用いられるのは「自己符号化（auto-encoding）」という考え方である。これは簡単にいえば、三層（入力層、中間層、出力層）の基本学習単位において、入力層と出力層を同一にし、中間層の人工ニューロンの数をそれらより少なくするのである。つまり、入力層のパターンが、少ない人工ニューロンからなる中間層（一次元高い層）によって復元できるように学習する。次にさらに一段階次元をあげ、さきほど得られた中間層を入力層として、同様の学習を実行する。こうして多段の学習を繰り返すと、やがて高次元の層の少数の人工ニューロン同士の結合度に原パターンの特徴が集約されていく、という考え方なのである。

以上のような巧妙な学習メカニズムによって、確かにコンピュータは、人間から分類のための各パターンの特徴を教えられることなく、みずから所与のパターン群の分類を実行できるようになるのだ。このことは、ＡＩの技術に通暁していない人々にとっては、驚嘆すべき出来事のように感じられるに違いない。

ただし、一言断っておこう。この自己符号化という方法自体は、第三次ブーム到来のはるか以前から知られていた。理論的には統計学における主成分分析に近い方法であり、相関のない比較的独立した変数によって対象を表すという考え方自体は、とくに目新しいものではない。とはいえ、計算能力など種々の制限のために実用には至らなかった方法を、細かい改良によって実用化させた技術的努力は高く評価できる。関連して二〇一〇年代後半には深層学習による多くの成功例が報告されており、とくに約一〇〇〇万のユーチューブの映像からAIが「猫の顔」を認識したグーグル社による実験は有名になった。

深層学習の成功は、機械学習によるパターン認識分野の見事な技術的ブレイクスルーだったが、これを使ったAIソフトが囲碁の名人を破ったことなどが一般の人々の耳目を集めてマスコミの話題になり、第三次AIブームを巻き起こした。ただし、その副作用として、一部の研究者のあいだにも過剰な期待が生まれ、誇大宣伝が広まってしまったのは残念である。

その典型は、「AIが自ら、人間社会で通用する概念を学習するようになった」という誤解だ。なるほど、人間が猫の顔の特徴を与えることなくAIが猫の画像を認識したことは、表面的には、自力で猫を他の存在から識別したような印象を与えるかもしれない。だがこれは、たまたま人間の分類とAIの分類が一致しただけである。実用の場面では、AIの分類と人間の希望するパターン分類のあいだにズレが生じ、その調整作業が必要になることが少なくない。あまり知られていないが、深層学習では事前の特徴設計作業は不要になるが、事後の調整という新たな「教師あり学習」的な作業が生じるのである。

深層学習といっても、ＡＩはただ画像パターンを機械的に統計処理して分類しているに過ぎないのだから、ズレが生じるのは当然である。たとえば、対象が猫の顔ではなく犬の顔だったら、ＡＩは認識できるだろうか――猫にもペルシャ猫だのアメリカン・ショートヘアだの種々あるが、犬になると、チワワだのブルドッグだのグレイハウンドなど外見の多様性はもっと大きい。はたしてグーグルのＡＩはそれらを同一の「犬」という概念で把握できるのだろうか。われわれ人間が把握している「犬」という概念は、単なる外見的な差異だけから得られるものではないのだ。

大切なのは外見の多様性だけではない。われわれ人間が社会で用いる概念とは、外見上の相違を越えたはるかに複雑なものである。日本語では同じ魚が養殖か否かでハマチとブリに分類され、スーパーマーケットでは別の扱いをうける。近代言語学の祖であるソシュールが強調したのは、概念とは言語共同体ごとに異なる相対的なものであり、世界を分節化する普遍的な絶対概念は存在しないということだった。日本語と英語では、世界の分節化の仕方が異なる。このことは「人知と普遍知の相違」に関わってくるのである。

にもかかわらず、ＡＩ研究者のなかには、深層学習によってコンピュータが絶対概念を把握できるようになったと臆面もなく主張する軽薄な連中も少なくない。彼らの議論にもとづけば、ＡＩが一塊に分類した対象に記号を貼り付ければ、記号接地問題はあっけなく解決してしまう。さらに、概念の把握は世界の意味をとらえることであり、文脈や状況の分析につながるから、フレーム問題も解決に向かうはず、ということになる。この議論の延長線上で、「責任」や「自由」や「権利」といった高度な社会的概念をＡＩが人間のかわりに扱えるようになる、とでも信じているのだろうか……。

言うまでもなく、このような危険千万な主張は過大な思い込みにすぎない。深層学習は単なる巧妙な機械学習方法であって、その有用性は人間社会の概念操作とはまったく別の次元にあるのだ。だがここには、元気がよすぎるＡＩ研究者の勇み足といったレベルをこえた、より深刻な知的混乱が見られる。この混乱を放置すれば、ふたたび一九八〇年代の第五世代コンピュータ開発と同様に根本的な誤りを犯すことになりかねない。

その知的混乱を一言でいえば、いったいＡＩ研究者が追求している「人工知能」とは何なのか、ということになる。それは、心をもつ人間という生物が生きるための知的活動を再現するものなのか、それとも、人間に限定されない、より高度で普遍的な知的活動を実現するものなのか。——知的混乱を解消するために、以下、冒頭で示した問いに立ち戻って考えてみよう。

心は脳がつくるのか

人工知能とは何かという問いかけに対して、ＡＩの専門家からはさまざまな回答が返ってくる。「心をもつ機械」、「脳活動のシミュレータ」、「人間のような知能をもつ機械」、「人間のように振る舞う機械」、「知的な振る舞いをする機械」、「人間を超える知能をもつ機械」などはその典型だ（松尾二〇一五、第1章の図1などを参照）。これら六つの回答のあいだには微妙な差異があるが、ひとまず、最初の四つはあくまで「人間の知の模倣」であり、最後の二つは「普遍的真理を求める知の実現」であると整理できるだろう。両者がそれぞれ、第一章の冒頭で述べたＡＩの二種の目的、すなわち「生命知」と「絶対知」の追求に対応づけられることは明らかである。

まず前者に注目して考察していこう。このとき議論すべき重点は、人間の脳と心の異質性／同質性、つまり心脳問題（mind-brain problem）にほかならない。心脳問題は、デカルト以来議論されてきた古典的ないわゆる心身問題の一環であり、詳しく議論し始めると際限がないが、ひとまず現時点の議論を整理しておこう。

ＡＩが現代科学技術の一翼をしめる以上、心を霊といった神秘的存在に結びつけることは不可能である。脳科学者だけでなく多くのＡＩ研究者にとって納得できるのは、物質的存在である脳だけが実体であり、脳内のニューロンの電気的活動が心を生み出しているという、素朴実在論的な考え方ではないだろうか。脳科学者のなかには、心などというのは古臭い幻想であり、やがて脳神経の分析が進めば心の全てが解明されると考えている「唯脳主義者」もいるはずだ。となると、脳活動をシミュレートすれば、心をもつ機械ができる、ということになる。

とはいえ、後述するように、この問題はそれほど単純ではない。現在、「心の哲学（philosophy of mind）」という分野があり、「心とは何か」について哲学者、心理学者、神経科学者などを巻き込んだ研究がなされている（第一章でふれたように、心の哲学は英米系の分析哲学の一角をしめており、本書が注目する独仏系の哲学とは学問的系譜が異なるが類書はいろいろある（総括的啓蒙書として、信原編 二〇一七がわかりやすい））。

心の哲学のなかにも諸説あり、心と脳のあいだに関係があるという点では一致するものの、必ずしも脳が実体で心など幻想だという主張が広く認められているとは断定できない。ちなみに、心の哲学は、人間の認知や思考の活動を探究する前述の「認知科学(cognitive science)」と関連が深いが、ここでいう認知科学は、主にコンピュータ・モデルによって人間の心を分析するという方法論にもとづく分野のことである。AIと認知科学の関係は、いわば表裏一体と言ってよい。すなわち、AIは工学的応用で認知科学は科学的探究が目指されるものの、前者の技術を活用して後者の研究が進められ、また同時に後者の知見にもとづいて前者の高度化が推進されるという関係がなりたってい

フランシスコ・ヴァレラ

る。

心と脳の本質的な関係を洞察するために、ここでオートポイエーシス理論の創始者の一人である生命哲学者フランシスコ・ヴァレラの議論に一言ふれておかなくてはならない。オートポイエーシス理論については第一章で述べたが、本書をつらぬくテーマの基盤をなす議論なので、いま一度整理しておこう。

ヴァレラは、認知科学においてひろく仮定されている、表象(representation)にもとづく「認知主義(cognitivism)」を批判する。認知主義を平たく言うと、心とは一種の器であり、そこに外部世界の事物が表象として反映されている、という考え方である。そして、表象の操作が心の活動に対応するという前提のもとに、人間の認知活動がコンピュータ・シミュレーションを通じて分析されることになる。これは外側から心の活動を科学的に眺めるアプローチと言えるだろう。このとき、「心の活動」

が「脳の活動」に近づいてくるのは明らかである。実際、記号計算モデルだろうとニューラルネット・モデルだろうと、認知主義であることに変わりはない。後者では、表象の記号化が分散しておこなわれるだけだ。しかし、はたして心とは、器のように外部観察できる所与の実体なのだろうか。

　ヴァレラはそうではなく、心とはむしろ人間主体が身体の内側から経験し、行動にともなってダイナミックに創出される存在だと考える。ヴァレラによれば、認知とは、所与の心による所与の世界の表象ではない。つまり認知とは「世界のなかの存在体が演じる多様な行動の歴史にもとづき、世界と心を行動から産出・活性化（enact）すること」（Varela, Thompson, and Rosch 1991, p. 9／三一頁）に他ならない。[3]端的にいえば心とは、人間の身体的な行動の歴史から時々刻々エナクトされる（産みだされる）ものなのである。だから心の中にあるのは、客観的に三人称で語られるものというより、むしろ、クオリア（感覚質）をはじめ、一人称で語られるものなのだ。

　したがって、ポイントになるのは「観察者の視点」である。脳が心をつくる実体であり、脳活動にともなって心という幻想が生まれるというのは、観察者が心を物質科学の観点から、つまり外側から眺めているからそう思えるだけなのである。脳科学の記述は、心のごく一面を捉えるにすぎない。内側から心を、経験をつうじて内観することで現れる知見は少なくないのだ。

　天文学をはじめ、いわゆる物質科学なら、対象を客観的に三人称で語ってもあまり問題は生じないが、人間の思考や社会と関わるＡＩについては必ずしもそうではない。この点をわきまえず、観察者の位置を無視してＡＩの問題を議論しようとすると、次節で述べるように大きな矛盾にぶつかってしまうのである。

2　シンギュラリティ仮説

知能と心の違い

ここで、「知能」と「心」の異同について考察しておこう。両者の違いは、常識的には明らかである。「知能（intelligence）」というのは、推論機能をはじめとする問題解決のための論理的能力であり、「心（mind）」は喜怒哀楽などの感情をふくむはずだ。脳科学的には、前者は左脳を中心とした大脳新皮質、後者は大脳辺縁系が関係しているということになる。確かに、たとえば自動運転や医療診断支援をするＡＩに、怒りや悲しみなどの感情的要素をふくめるのは不適切だろう。だが、一方、人間とコミュニケートするＡＩロボットにおいては、人間の喜怒哀楽の表情を感知したり、逆にＡＩロボットが表情をシミュレートしたりする機能が望ましいという見解も出てくる。となると、「知能をもつ機械」だけではＡＩの定義として不十分だ、という批判が出てくるだろう。

そもそも、知能のなかに感情的要素はまったくふくまれないと断言するのは難しい。問題解決の前段階として問題設定があるが、基本的にこれは人間の価値判断にもとづいており、そこに感情が大きくかかわっていることは自明の理である。自動運転や医療診断支援には、事故なく高速でクルマを走らせて利益をあげたいとか、病気の苦痛から逃れたい病人のために診断が必要、といった生命的な動機がベースにある。恐怖や怒りは典型だが、およそ感情や情動というものは元来、生物進化の過程で生存のために生まれたといっても過言ではない。小動物が捕食者の恐怖から逃れるために崖の上に巣を作ったりするのは、一種の知能ではないのか。それらを基盤にして、人間では多様な欲望が発生し、これを満たすために社会的な問題の設定がおこなわれるのである。

さらに、問題設定と問題解決はそれほど截然と分けられるものではない。第一章で、目的とそのための手段／技術は容易に分けられないと述べたが、それと全く同じことだ。大きな問題解決のためには、細かいサブ問題の設定が組み込まれるのが普通である。まず部分に分割したサブ問題群が設計され、ついで各々のサブ問題を解決するためにさらなる分割がおこなわれ……という具合だ。

要するに、「知能」を「問題解決能力」と定義しても、それはアルゴリズムのような純粋な論理的手続きばかりではなく、どうしても人間の感情や心を反映した価値観が介在してくるのである。したがって、「人間のような知能をもつ機械」というＡＩの開発目的は、必然的に「人間のような心をもつ機械」という開発目的に近づいていかざるをえない。当然ながら、そこには人間の心に特有の矛盾や不完全な曖昧さもふくまれるはずである。

以上より、たとえＡＩが実現する知能を「問題解決能力」と定義したところで、それは人間の心と不可分であり、人間とは無関係に普遍的絶対知にたどりつく超能力のようなものとは異なることがわかる。むろん、計算能力や検索能力など局所的能力ではすでにコンピュータは人間をはるかに凌いでいるが、ＡＩの知能とはより大局的な能力をふくむ総合的なものと考えられているからだ。

このことは、前節で述べた「観察者の位置」と関係が深い。「人間の心を機械的に実現する」と言ったところで、あくまでＡＩ研究者という人間が、その心を通じて人間の脳活動その他を分析し、これと等価な機能をコンピュータ上に作りこんでいるにすぎない。いかに実証的・客観的な分析をしていると主張しても、「人間の脳が脳をつくる」のであり、人間の脳が完全なものでないとすれば、人知を超える総合知、普遍的な絶対知を自ら追求していくAIを創り出すことは困難なはずである。つまり、「人知の模倣」は必ずしも「絶対知の実現」にはつながらないのだ。

だが、前述の「人間を超える知能をもつ機械」というAIの定義は、明らかに「絶対知の実現」を目指している。こういう議論をするトランス・ヒューマニストは欧米では少なくない。なかでも多くの人々を惹きつけているのが発明家レイ・カーツワイルであり、その「シンギュラリティ仮説」は第三次AIブームの到来とともに、マスコミの大きな注目を集めている。以下、これについて述べていこう。

LOARが約束する絶対知

シンギュラリティ（技術的特異点）とは、人間を超える優れた知性がコンピュータに宿るため、その時点を超えると世界がわれわれ人間にとって理解不能になるという、SF作家ヴァーナー・ヴィンジが一九八〇―九〇年代に言い出した概念である。これはある意味で恐ろしい予測でもあるが、カーツワイルはその著書『ポスト・ヒューマン誕生（*The Singularity Is Near*）』において、これを極め付きの楽観主義で塗り変えてしまった（Kurzweil 2005）。カーツワイルによれば、二〇四五年にシンギュラリティが到来し、AIが人類の知能を超越するが、それは人類に幸福をもたらすという。シンギュラリティ以降、文明は驚異的な速度で進歩していく、というのがカーツワイルの主張である。

いかにして二〇四五年という数字をはじき出したのかというと、ここで登場するのが「収穫加速の

レイ・カーツワイル

法則（ＬＯＡＲ／Law Of Accelerating Returns）」である。これは能力や収穫が指数関数的に増加していくという経験則であり、もっとも有名なのは一年半ごとに半導体集積回路の密度が二倍になるという「ムーアの法則」である。カーツワイルは、これ以外にも、生物進化や技術文明進歩でもこういった経験則が成り立つと述べる（ibid., Ch. 2）。そして、コンピュータの論理素子や記憶装置と人間の脳の神経細胞について、その処理速度や量的スケールを比較する。大雑把にいうと、前者が指数関数的に増大をつづけるとき、後者を上回る時点がシンギュラリティということになる。

　ＬＯＡＲにもとづくシンギュラリティの到来予測を、あまりにも粗雑な立論であるとして批判することは容易だろう（たとえば、第五章で見るジャン＝ガブリエル・ガナシアの議論を参照）。カーツワイルは、強いＡＩが人間の知力を凌駕していく具体的な技術として、遺伝学、ナノテクノロジー、ロボット工学の三つをあげ、詳細な記述をおこなっている。だが、そこで紹介される技術の多くは、一部に確立し実用化されたものもあるが、まだ実験試作段階の技術や、萌芽的希望にすぎない技術も混在しており、学問的に緻密な議論とは言い難い。それらの詳細な当否について立ち入るのは本書の目的ではないが、ここで着目すべきは、カーツワイルのシンギュラリティ仮説が、素朴実在論をふまえた徹底的な人間機械論に立脚しているという点である。人間の知力が、脳の物理的機能として外側から捉えられているわけだ。そこには人間と機械を区別する視点は存在しない。

人知と絶対知のあいだの相克

興味深いことに、カーツワイルの議論のなかには一見して奇妙な矛盾がみられる。以上述べたように、シンギュラリティ仮説のもとでは、約三〇年後に強いＡＩの知力が人間を超え、その後も生物的限界を超えて、どこまでも進化していくという。だが、このことは、宇宙のどこかに人間では捉えられない超越的な知性が存在し、それが強いＡＩの方向性を導いているという図式を思わせずにはいない。もし絶対的真理に到達できる超越的な知性が存在しなければ、いったい強いＡＩはどこを目指して進化していくというのだろうか。つまり、カーツワイルのいうＡＩとは、普遍的な絶対知の実現に他ならないのだ。カーツワイルは「ＡＩがＡＩをつくる」と主張するが、これは、人間がつくるかぎり、ＡＩは人間の知力の限界を超えられないことを含意しているのだろう。

にもかかわらず、カーツワイルの議論のなかには、「絶対知の実現」とならぶいま一つのＡＩの定義である「人知の模倣」という側面も明瞭にみられるのである。まず、ＡＩのアプローチとして言及されているのは「(脳の) リバースエンジニアリング」である。この言葉は本来、機械製品を分解したり動作を観察したりして、それと同等の機能をもつ製品を設計し製造することだ。今の場合、技術的にはいわゆる全脳エミュレーションに近い。脳の内部を精査し、モデル化し、すみずみまでコンピュータ上でシミュレートするのである。これだけでも、人知の模倣であり人知以上の機能は実現が難しいという気がする (ただ、これは出発点であって、できあがったＡＩが自己改良していく、というシナリオを描くことはできるだろうが)。

もっと問題なのは、カーツワイルの主張のなかで最も衝撃的な「マインド・アップローディング」

という機能である。これはリバースエンジニアリングに似ているが、人間の一般的な脳でなく、より個人的な脳のコンピュータへの写しこみである。それは「脳の目立った特徴を全てスキャンして、それらを、十分に強力なコンピューティング基板に再インスタンス化すること」であり、ある特定の人物の「人格、記憶、技能、歴史の全てが取り込まれる」(Kurzweil 2005／二四二頁)という。となると、そこには本人の身体が反映されるはずだが、カーツワイルによると、このマインド・アップローディングで最も重要なのは、われわれの個々の知能だの個性だの技能だのを非生物的な知能へ少しずつ移し換えていくことなのである。要するに、マインド・アップローディングによって個々の人間は不死になれる、とカーツワイルは断言するのだ。

明らかにカーツワイルの議論には人間中心主義とうけとれる箇所がある。実際、『ポスト・ヒューマン誕生』の最終章は次のような文章で終わっている。「結局のところ中心にあるのは人間だ。〔…〕こうした技術の発展によって、生物進化とともに始まった加速ペースが持続されてきたのだ。この加速は宇宙全体がわれわれの指先の意のままになるまで続くだろう」(ibid.／五九三頁)。したがって、カーツワイルは、人間の模倣(リバースエンジニアリングやマインド・アップローディング)を方法として用いながらも、より高次の超知性体への進化、絶対的真理への到達を目指している。

だが生物進化史から見て、ホモサピエンスが特有の不完全さをもつことは明らかだろう。知覚だけに限っても、われわれより優れた動物はいくらでもいる。ホモサピエンスは、大脳新皮質がアンバランスに発達した一種の奇形にすぎないという見方もできる。そういうわれわれが観察者であることを考えると、これはＡＩという概念における根本的な矛盾ではないだろうか。

これに類した矛盾は、カーツワイルだけでなく、多くのトランス・ヒューマニストに共通している。そこで、もう一歩踏み込んでいかなくてはならない。素朴実在論にもとづくトランス・ヒューマニズム（超人間主義）における観察者の視点は、「人間」を標榜しながらも、実はひそかに一神教の絶対神の視点に重ねられているのではないだろうか……。

右に引用した一節は、おもてむき、人間が宇宙に君臨するという子供じみた構図に見えるかもしれない。だが、その奥には、人間を一種のエージェントとして宇宙が進化し、知的で普遍的な究極の絶対秩序が体現されるという、強烈な宗教的確信のようなものが感得されるのである。

カーツワイルは次のように述べている。「もし人類が他の宇宙を創造し植民地化する能力を獲得すれば〔…〕人類の知能は究極的にどんな特定の有限レベルをも超えることができる。それがまさに数学的な関数でいう特異点だ」（ibid.／五九一―五九二頁）と。ここには、シンギュラリティという概念の宗教的な特徴がはっきり示されている。絶対的な造物主のもとで万物がつくられており、その論理的な秩序が宇宙をみたしている。その隠された秩序を見出し、宇宙を進化させていくことに努めるのが聖なる業であり、そのための手段という点では人間もＡＩも変わらないのである。

したがってトランス・ヒューマニストにとって、ＡＩの目的と言われる「人知の模倣」と「絶対知の実現」は、表面的には矛盾しているように見えるが、実は前者は後者の手段として位置づけられるのである。ここでの観察者は、まさしく「神」だと言っても過言ではないだろう。

3　クラウド・コンピューティング

汎用ＡＩの実体

いったん頭を冷やし、地上に降りて考察をつづけよう。

シンギュラリティ仮説では、汎用ＡＩ（ＡＧＩ）、さらに超ＡＩ（ＡＳＩ）の登場が当然視されている。これらは強いＡＩであり、「心（意識）」をもつとさえ考えられているのだ。現在すでに実用化されているのは、エキスパート・システムや機械翻訳システムなど特定目的にむけた専用ＡＩだが、汎用ＡＩとは、そういうものではなく、まるで人間のようにいかなる問題にも対処できるという万能性が特徴なのである。第一次ブームのときには、ロジック・セオリスト（ＬＴ）やジェネラル・プロブレム・ソルバー（ＧＰＳ）がそういう期待を集めたが、それらが対処できたのは厳密に定義された数理的課題だけだった。では、日常的課題をふくめ、科学技術や社会や経済など、多分野にわたるあらゆる問題にこたえる知能をもつ汎用ＡＩの可能性は、いったい現在の第三次ブームによって開かれたのだろうか。

前述のように、第三次ブームのＡＩの中核技術は、深層学習をはじめとするパターン認識能力である。学習をおこなって、多様な画像、音声、文字などを認識し分類するＡＩが、インターネットに刻々と集まるビッグデータの処理技術として、きわめて枢要なことは論をまたない。しかし、たとえば大規模な科学技術計算だの銀行の金融業務だのを、すべて深層学習プログラムで実行しようとしても、効率が悪すぎて現実的ではない。それらは皆、従来の記号計算主義にもとづくプログラムによって処理が実行されることになる。

つまりニューラルネット・モデルが脳に近いと言っても、それですべてのデータ処理が実行されるのではなく、パターン認識という一部のアプリケーションで用いられるだけなのだ。ビッグデータをAIのパターン認識プログラムで分析し、その結果にもとづいて何らかの計算によって評価作業をおこない社会的決断をおこなう場合、決断をくだすためのプログラムは相変わらず記号計算モデルにもとづくものに他ならないのである。

だが、問題はもっと深い。ヴァレラが批判したように、ニューラルネット・モデルを用いたAIも、記号計算モデルと同じく、コンピュータという器のなかに外部世界の事物を表象としてとりこみ、それを既存のプログラムで論理操作しているのである。したがって、第三次ブームで開発されたAIロボットがいかにあたかも「心（や感情）をもつ」ように振る舞ったとしても、ただちにそれを強いAIとして認定することは難しい。心とは、ヴァレラによれば、環境のなかで個体が行動することで動的に創発してくる存在だからだ。とすれば、どう考えても、強いAIである「心をもつ機械」はありえず、それゆえ汎用AIなど架空の画餅ということになってしまう。

しかし、ここでやや発想を変えてみよう。ここで想定されている「心をもつ機械」とは、一種の抽象的な単体アルゴリズムである。もし汎用AIを、単体アルゴリズムではなく、多様な専用AIの「集合体」と考えれば話は別である。すでに多様なAIプログラムが、インターネットで結ばれた世界中の無数のサーバ群に分散貯蔵され、多様なタイミングで起動されて動作している。ユーザがパソコン端末を通じて何らかの問いかけをすれば、その答えは、クラウド・コンピューティング・サービスによって、どこか遠い国のサーバから返ってくるかもしれない。

だから、個人の心を単体のＡＩロボットのなかで実現するのはヴァレラの指摘の通り不可能だとしても、パソコン端末の前に座った個人が、インターネットを介して、専用ＡＩのネット集合体である「クラウドＡＩネット」と対話をかわし、「あたかも心をもった相手」と対話しているように感じるということは十分にありえるだろう。そして、科学技術や社会や経済など、おどろくほど多様な分野で人間とクラウドＡＩネットが情報交換し、それがまたクラウドＡＩネットの中身を刻々と変化させていくとすれば、ＡＩ促進派は、このようなクラウドＡＩネットを「汎用ＡＩ」として位置づけたくなってくるはずだ。実際、人間と対話するという触れ込みのＡＩロボット「Ｐｅｐｐｅｒ」は、目の前の人形めいた頭のなかで考えている単体ロボットではなく、インターネットに結合され、その無数のサーバ群とのあいだで送受信される情報を出力しているのである。

情報メディア研究者の大黒岳彦は、ＡＩをめぐる議論が、「人間対ＡＩ」、「人間対ロボット」という人間個体との比較図式にとらわれ、知能を「個体水準に封じ込めてしまっている」ことを批判している（大黒 二〇一六、二二三―二二四頁）。これがシンギュラリティ仮説の矛盾を生むというわけだ。

大黒が依拠するルーマンの理論社会学では、コミュニケーションとは社会水準で発生するものだという前提で議論が展開されている。こうして、「情報社会とは、中枢が不在の、換言すればネットワークのあらゆるノードが中枢であるようなパラダイム」であり、「もし〝主体性〟や、〈自立＝自律〉性をどうしてもどこかに求めようとするならば、それは〈システム〉としての情報社会それ自体（すなわち〈コミュニケーション〉をおいてほかない」（同書、二二〇—二二一頁）という見方が出現してくる。後述するように、この問題については、さらに踏み込んだ議論が不可避だろうが、ここでは、個体の知能という図式をこえたネットワーク型情報処理、つまり一種の「集合的な知能」が汎用ＡＩへの突破口になるのではないか、という点を強調しておきたい。

グローバルブレイン

とりあえず地球規模のＡＩネットワークを、Ｈ・Ｇ・ウェルズのワールドブレイン（世界脳）をふまえて、「グローバルブレイン」と呼んでおこう。その技術的な中核はインターネット上で多種多様なＡＩと合体したクラウド・コンピューティングである。クラウドの実体とは要するに、数百万どころか数千万、数億以上のコンピュータが互いに群生して編み上げられた巨大なコンピュータ・システムに他ならない。そこでは信じがたいほど複雑な分散処理が並行して実行されている。

ＩＴジャーナリストのケヴィン・ケリーは、近著『〈インターネット〉の次に来るもの』において「最初の正真正銘のＡＩは、独立型《スタンドアロン》のスーパーコンピューターの中ではなく、インターネットとして知られている何十億ものコンピューター素子で造られた超生命体の中で生まれることになるだろう」（Kelly 2016／四二頁）と述べている。つまり、そこで想定されているＡＩとは、シンギュラリティ信奉者が夢想しているような輝かしい超知性体（スーパーインテリジェンス）ではなく、アマゾンのウェブサービスを典型例とするような、身近ですでに実用化されつつある多種多様なサービス、それらの背後で作動している実用的なデジタル機能群が複雑に絡み合いつつ、どこまでも続く巨大な山脈といったものなのである。

ケリーがこの著書で展開しているのは、一種の近未来社会論である。カーツワイルのシンギュラリティ仮説が、遺伝学、ナノテクノロジー、ロボット工学など諸分野における未開発の技術要素を織り交ぜているために非現実的な感じを免れないのに対し、ケリーの描く近未来論は、社会経済的な問題を度外視すれば情報技術的にはすでに実現可能なものと言ってよい。そこでは、従来の経済で前提とされていた所有の概念が相対化され、むしろ「アクセス（使用可能）」の意義が強調されることになる。ケリーから見ると、所有することは昔ほど重要ではなくなり、アクセスすることが重要になっていくのである。これは、簡単にいえば「レンタル」中心だということだ。ＣＤやＤＶＤを購入せず、音楽や映画を一時的にネット経由で鑑賞する習慣はすでに根付きつつあるが、自家用車を保持するかわりに、オンライン・リアルタイムで移動サービス車をシェアするといったサービスもすでに登場している。書籍やドレスもそうなるかもしれない。

ケヴィン・ケリー

ケリーの描く近未来社会で興味深いのは、人間が情報を発信したり受容したりする契機や窓口において、従来のインターネット社会とは違った様相が現れると予測されている点である。われわれは文書を作成し、それを社会に向けて発信するが、これは近代社会における人間主体の神聖な表現行為とされてきた。しかし、グローバルブレインにおいては主体の表現行為そのものが揺らいでいく。

ケリーは述べる、「自分のものがどこにあるか、そもそもそれは自分のものなのかという曖昧さを体現する格好の例が、グーグルの文書だ。私は通常はビジネス用文書はグーグルドライブを使って書いている。〔…〕それはグーグルのクラウド上にあり、基本的にはそれぞれ遠く離れたマシンに分散したものだ。私がグーグルドライブを使う主な理由は、それがコラボレーションに適しているからだ。十人以上の人々と協働しているとき、〔…〕編集、追加、消去、変更などの作業を、それがあたかも自分の文書のように行なうことができる。〔…〕一人ひとりが自分の端末に表示される分散化したコピーを、まるでオリジナルのように扱うのだ！〔…〕こうした集合的なインタラクションと分散化によって、文書は私のものというよりわれわれのものとなる」(ibid.／一六八頁)と。

　思考の主体が曖昧になるとともに、いささか逆説的だが、個人主体への情報の選別、つまり「フィルタリング」も活発におこなわれることになる。

　かつて近代社会では、人々が同じ新聞を読み、同じテレビニュースを視聴して、社会的同意を作りあげるという建前があった。マスコミ広告もそこで効果を発揮したのである。だが今や、インターネットにあふれるデジタル機械情報の量があまりに膨大になり、それを個人がすべて意味解釈することはもはや不可能である。そこで情報のフィルタリングが不可欠になってくるわけだ。アマゾンは顧客が好む商品に手早くアクセスできるようにページをフィルタリングしているし、グーグル検索では結果を検索者向けにパーソナライズして提供している。それだけでなく、多様な商品の広告において、大雑把なマスコミ広告のかわりに消費者個人むけのパーソナライズ広告がますます増えていく傾向はもはや否定しがたいだろう。

さて、注意すべきことは、以上述べたような、モノや情報のアクセスやシェア、さらに情報発信における協働や情報の選別といった多様な処理に、ことごとくクラウドと一体化したＡＩが関わっているという点である。オンデマンドで消費者にサービスを提供する際、現状を細かくデータ分析して手配をおこなうのはＡＩである。みんなで文書を共同作成するとき、構文や語彙をチェックし、編集を手伝ってくれるのもＡＩである。さらに、消費者の行動データから好みや興味を推定し、パーソナルな広告をつくりあげるのもＡＩに他ならない。グローバルブレインでは、深層学習はもちろん、さまざまな統計処理技術、さまざまな知識処理技術が駆使されているのである。

さらに、そこでは人間がＡＩを利用するだけでなく、その過程でＡＩ自身が改良されていくことに注意しなくてはならない。グーグル社がＡＩ企業を買収している理由は、ＡＩを使って検索機能を改良するためではなく、むしろ検索機能を使ってＡＩを改良するためだとも考えられる。

つまり、われわれが検索語を入力し、検索結果にもとづいてリンクをたどったり、新たなリンクをつくったりするのは、「グーグルのＡＩのトレーニングをしている」わけだ。このことは、検索だけにとどまらない。われわれがネットの質問サイトに問い合わせをしたり、回答したりすれば、それはＡＩのメモリに記憶されていく。そればかりか、日常、どこのレストランで何を食べたか、どの小売店でどのような商品を購入したかという履歴さえ細かく捕捉され、統計的に処理されてＡＩを「賢く」していくのである。カーツワイルはＡＩがＡＩをつくることによる進歩を主張したが、このようにむしろ、人間とＡＩの協働によってＡＩがより賢くなるという、より実現しやすい図式が強調されるのである。

超知能をもつ観察者

以上のように、ケリーの近未来社会論では、一種の現実的な汎用ＡＩの姿が想定されていると言ってもよいだろう。いや、それどころか、その技術の一部はすでに用いられつつあるのだ。だからこそ、ここで問いかける必要がある。そこで実現がめざされる汎用ＡＩは、いったい人知の模倣なのか、それとも人知を超える超知能、つまり普遍的な絶対知なのだろうか、と。

――答えは明らかに後者に他ならない。ケリーは人間の知能を「汎用」と呼ぶことにさえ、次のように異論を述べる。「われわれの知能は知能の集合体であって、この宇宙に存在する多くの種類の知能や意識の中の小さな一角を占めているに過ぎない。われわれは人間の知能を、他の種類の知性と比べてより多くの問題に対処できるからと『汎用』と呼びたがるが、より多くの人工的な知能を生み出せば生み出すほど、人間の思考には汎用性がまるでないことに気づくことになる。それは思考の一つの種に過ぎないのだ」（Kelly 2016／五九頁）。

たとえば、人間は統計的思考が不得手だが、現行ＡＩのような統計的思考に秀でた知能もあるというわけだ。そして、ついにケリーは、ＡＩという言葉は「異質の知性（Alien Intelligence）」の略号にもなるだろう、とさえ断言する。今後二〇〇年のあいだに、「われわれが異星人のような知能を作り上げていることはほぼ１００％確かだ」（ibid.／六五頁）というのである。こうして、ケリーはシンギュラリティ仮説を支持していないにせよ、より広く高い超知能をもとめている点で、カーツワイルと同じトランス・ヒューマニスト（超人間主義者）であることがはっきりわかる。

トランス・ヒューマニストたちの主張は勇ましく、人々の喝采をあびる。だが、ここで「人間を超える知能」を創り出し、見定め、評価するのはやはり人間ではないのか、と問うてみないわけにはいかない。われわれの思考は、根本的に、人間という生物種が生存し存続するという目標と一体不可分である。ネオ・サイバネティクスの諸理論が明らかにしたように、そういう限定のもとで「われわれにとっての世界」が形成されているのだ。そういう生物的限界を離れて、いったいいかなる次元の評価軸や基準にもとづいて「人間以上」とか「人間以下」を定め、「異星人の知能」を位置づけるというのだろうか。こういう考え方そのものが、「観察者の視点」を忘れ、人間をいわば神の座にすえた独りよがりの暴論ではないのだろうか……。

現代の科学技術的な議論のほとんどは、素朴実在論を暗に想定しており、そこでは観察者の視点が問われることはない。だが上述のように、ＡＩではどうしても観察者を度外視できないのである。観察者の視点を考慮した科学技術的な議論として、第一章でのべたネオ・サイバネティクスがあげられる。オートポイエーシス理論を中心としたネオ・サイバネティクスは、閉鎖系概念を用いるために情報概念と排他関係にあるが、これを架橋したのが基礎情報学であり、そこでは情報技術と観察者の関係をふまえた議論が展開される。以下、その枠組みのもとで、クラウド・ベースのＡＩネットワークを位置づけてみたい。

第一章の第3節で、「ＳＥＨＳ（システム－環境ハイブリッド）」という暫定的閉鎖系について述べた。これは閉鎖系であるにもかかわらず、内部に他者性をゆるすような、高水準の包含性をもつ自律システムのことである。具体的には、社会システムのなかに、本来は他律的なＡＩエージェントが参入して、人間とコミュニケーションをとるようなシステムを想像すればよいだろう。われわれはすでに、「Ｓｉｒｉ」のようなＡＩと対話しながら他の人々とメールを交換したりしている。これは一種の〝人間＝機械〟複合系であり、人間同士の自律的なコミュニケーションのなかにコンピュータが介在しているのだ。では、これらのコミュニケーションを産出しているクラウド・ベースのＡＩネットの観察者はいったいどこに存在するのだろうか。

オートポイエーシス理論をいま一度振り返ってみよう。ＡＰＳ（オートポイエティック・システム）は、「構成素が構成素を自己準拠的につくりだす閉鎖システム」に他ならない。ここで構成素は、心的システムの場合は「思考」だが、社会システムの場合は「コミュニケーション」である。過去の思考の痕跡は脳細胞のシナプス、過去のコミュニケーションの痕跡はデータベースや議事録などの類にのこっている。ＡＰＳは自己準拠システムであり、外部から情報を直接インプットされるのではなく（外部環境から影響はうけるが）、これらの痕跡を素材にして新たに思考やコミュニケーションを産出していく。

ここで問われるのは、素材を組み合わせてシステム内部であらたに構成素をつくりだす作動の「ルール」なのだが、この作動ルールそのものが「（観察者にとって）不可知」であることが生命体の本質なのである。もちろん、ＡＰＳの作動には習慣性があるので、ルールを外部からある程度推定することはできるだろう。さもなければ、相手（人間のみならず生物）の行動の予測などできないからだ。しかし、生命体は変転する外部環境のなかで生存をつづけるため、刻々と作動ルールを変更するが、そのルール変更のルールそのものは誰も知らないのである。この不可知性が生命体の自律性の源泉に他ならないことを、あらためて確認しておこう。

ところで、第一章でもふれたが、われわれは今や、ネットを介して誰かと対話するとき、相手が（刻々と現在に生きている自律的な）人間なのか、それとも（所与のプログラムによって過去のデータを処理している他律的な）ＡＩなのか、判断することが非常に困難になり始めている。とくに深層学習のようなニューラルネット・モデルにもとづくＡＩでは、プログラムつまり作動ルールの詳細分析は、原理的には可能でも事実上は不可能に近い。となると、外国語を自動翻訳したりクルマを自動運転したりするクラウド・ベースのＡＩに対して、疑似的にせよ、それが自律性をもっていると信じる人は増えていくだろう。つまり、ＡＩネットを駆使する人々の心的システムにおいて、ＡＩという他律システムが疑似的自律システムと見なされる可能性はますます増大していくのである。

　ここで、ＡＰＳを発展させ階層性をゆるす、基礎情報学のＨＡＣＳ（階層的自律コミュニケーション・システム）モデルから眺めてみよう。いま、人々の心的システムの上位に社会システムが存在しているとする。このとき、社会システムの観察者は、社会システムと構造的カップリングした心的システムだが、その視点から眺めると、コミュニケーションの素材を提供する人々とＡＩのあいだに本質的な相違はない。つまり、ともに「他律システム」と見なされるのである。以上の議論から、クラウド・ベースのＡＩネットとそれを駆使する人々をふくんだ社会システムは、まさにハンセンのいう暫定的閉鎖系ＳＥＨＳそのものとして位置づけられることがわかる。

　では、カーツワイルやケリーらトランス・ヒューマニストたちがかかえこんだ「観察者の視点の曖昧さ」という問題点は、以上のネオ・サイバネティカルな議論で解決されるだろうか。繰り返すと、その問題点とは、観察者は人間なのか、それとも神のような絶対者なのか、ということである。「人間を超える知性」を評価するには、絶対者の視点が不可欠なはずだ（一方で、トランス・ヒューマニストたちは人間の視点を尊重し、そこから出発しようとするのだが）。

ＨＡＣＳモデルにおいて、上位の社会的ＨＡＣＳの観察者は（当該社会システムに特有の）心的システムであり、人間以外の存在ではない。したがって、このとき、クラウド・ベースのＡＩネットという汎用ＡＩの作動をとらえて記述しているのはあくまで人間ということになる。つまり、真の意味で人間を超える知力をもち、絶対知にたどりつけるという保証はない、という結論になってしまう。要するに、基礎情報学的に分析すれば、ケリーのいう汎用ＡＩ、つまりクラウドＡＩネットが普遍的な絶対知の実現を約束する、とはどうしても言えなくなるのだ。

とはいえ、である。ここで社会システムを、企業のような中小規模のシステムではなく、全地球、あるいは全宇宙にまでひろがる規模のシステムと見なしたらどうなるだろうか。

そのとき、観察者は、人間の心的システムでありながら、同時に、無限の高みから全人類やＡＩの作動を俯瞰する存在となる。こういう視点はいわば、一神教の信者が自らの脳をつうじてとらえる「神の視点」に限りなく近づいていくだろう。数学者のなかには、数学の定理が、そういう視点からの記述だと主張する者もいるかもしれない。次章では、はたしてそういう「人間を超えた視点」からの絶対知への接近が可能か否かを、哲学的に検討していくことにしよう。

第三章
思弁的実在論

1　相関主義と実在論

科学技術研究と相関主義

「人間の知性」対「普遍的な知性」という対立軸について述べてきたが、これは人工知能研究において初めて出現したわけではない。昔から西洋思想では、人間中心の近代哲学と古典的な形而上学との相違という形で、この対立軸ははっきり表れていた。ここでいう近代哲学とは、とりあえずカントによって確立された批判哲学から始まったものを指す。そこでは、われわれ人間を媒介せずに事物そのもの（物自体（Ding an sich））にアクセスすることは不可能だとされる。人間が認識できるのは即自的な存在（われわれ人間と関係なく自立した存在）ではなく、あくまで人間の認識機構を通じた「現象」にすぎない。したがって、宇宙の森羅万象、あらゆる事物について、われわれ人間と関係なく客観的に語ることはできない。すなわち、宇宙の森羅万象は人間と相関的に出現し、記述されると考えられるのである。

フランスの現代哲学者カンタン・メイヤスーは、主著『有限性の後で』（Meillassoux 2006a）において、こういう考え方に正面から挑戦した。本章では、そのアプローチを跡づけていく。なお、万象が人間との関係において出現するというこの考え方を、メイヤスーにならって以下では「相関主義（corrélationisme）」と呼ぶことにしよう（ibid., p. 19／一六頁）。

相関主義は近代哲学の大前提である。カントやフッサールをはじめ、ハイデガー、ヴィトゲンシュタインなどの思想もこれに含まれる。さらに大きく言えば、ニーチェ、ヘーゲル、ドゥルーズらの思想も基本的に相関主義を踏まえていると言ってよい。つまりそこでは、人間の主観を度外視して事物について正しく語ることはできないとされるのである。古典的な形而上学では、人間を括弧にいれ、論理的推論、つまり理由律を介して事物について正しく語ることができるし、真理に到達することができると考えられていた。これは近代科学思想の基礎を築いたデカルトやライプニッツの思想でも同様である。

ところで、現代のほとんどの科学技術者は、無意識のうちに、人間と関わりなく事物が客観的に存在しており、実験と論理的推論によって真理に到達できると信じているだろう。これはいわゆる素朴実在論（naive realism）である。相関主義にもとづく近代哲学では、素朴実在論は徹底的に批判され否定されたが、なぜか一部の科学史や科学思想の専門家をのぞき、科学技術研究分野の専門家のあいだでは暗黙のうちに残存しているのである。あえて言えば、無意識のうちに、大半の理系の研究者はデカルト哲学の流れを継いでいるのだ。そして、科学技術の成果を享受している一般の人々もほとんど素朴実在論の信奉者だと言ってよいだろう。

カンタン・メイヤスー
『有限性の後で』

メイヤスーは、近代哲学（とくに相関主義哲学）と素朴実在論のあいだの亀裂の例証として、「祖先以前的言明(énoncé ancestral)」というものをあげる（ibid., ch. 1)。これは、たとえば、「一三五億年前に宇宙が誕生した」とか

「四五・六億年前に地球ができた」とか「三五億年前に地球上で生命が発生した」などといった言明のことだ。いずれも、人間が誕生する以前の出来事であり、それゆえ人間との直接の相関関係はありえない事象についての言明に他ならない。これらの科学的言明は、宇宙物理学の理論や測定結果、また放射性年代測定結果などにもとづいて得られた仮説だが、科学研究者だけでなく一般の人々もこれを客観的な「事実」として信奉している。

しかし、相関主義にもとづく限り、あらゆる祖先以前的言明には、「科学者の共同体において間主観的に認められている言明としては」などといった付加条件がつかざるをえない。なぜなら、われわれ人間との関与を度外視して素朴に祖先以前的言明を認めるためには、デカルトの考えた神のような「絶対的存在」（理由律を究極的に支えている必然的存在）を仮定しなければならないが、そんな存在はカントによって否定されてしまったからだ。だが、現代社会において実際には、哲学者は別として、この付加条件をまともに考慮する人はほとんどいないだろう。すなわちこのことは、現代社会で支持されている科学技術的な言明が哲学的には厳密性を欠いているという巨大な問題点を意味している。

メイヤスーの主張する「思弁的実在論（speculative realism）」の目的は、現代の科学技術と哲学のこの亀裂を解消することにあると言っても過言ではない。すなわちメイヤスーは、以下で述べるように、相関主義を回避するのではなく、むしろ相関主義を徹底化することによって、われわれ人間の関与なしに即自的存在（物自体）にアクセスし、これについて語ることができるという、まったく新しい実在論を主張するのである。これによって、祖先以前的言明への付加条件は不要になるだろうし、現代の科学技術への人々の信頼の根拠はいっそう明確になるというわけだ（なお「即自的存在」とは、カントのいわゆる物自体に近いが、本書ではとくにそこから「認識不能」というニュアンスをのぞいた「実在」を表す）[1]。

ところで、メイヤスーの思弁的実在論はいったいなぜ、またいかにしてＡＩと関係するのだろうか。

実は、現代社会における科学技術と哲学のあいだの亀裂は、理論的にはともかく現実的には、天文学をはじめ通常の理系研究分野ではそれほど致命的な問題として顕在化することはない。物理的・化学的な事象については、測定作業や法則の適用妥当性もふくめ、専門的議論の中でとくに客観性が重視される。したがって、議論全体のベースをなす大きな理論パラダイムの主観性を除外すれば、観察者である専門的研究者の主観性（相関性）をそれほど考慮することなく議論を進め、結論をえることができる。しかし、こういう事態はＡＩについては成立しない。倫理や責任など人間社会の価値観がからんでくるＡＩの分野では、しばしば観察し記述する者の主観こそが焦点となってくる。そして端的には、観察者の主観に注目することこそ、相関主義に他ならないとも言えるのである。

相関主義とは、大雑把に言えば、あくまでも「人間の知性」を前提にする、ということだ。これによれば、素朴実在論のみならず、人間を超えた知性の実現をめざすトランス・ヒューマニズムも否定されてしまう。ＡＩにおいては、収集されたデータの数学的ルールにもとづく処理が、世界の客観的な認知にもとづく絶対的判断（ないしその近似）だと想定されているが、これはあまりに素朴実在論的な議論だと言える。ゆえに相関主義にもとづく現代哲学の研究者であるドレイファスやサールなどがＡＩの機械的知性を否定したのは当然のことだ。相関主義にもとづく限り、われわれ人間を介することのない「普遍的知性」などに軽々しく正当性を与えることはできない。つまり、近代哲学の主流の考え方にもとづくなら、カーツワイルやケリーのような議論は支持できなくなるのである。

では、相関主義の打破をめざすメイヤスーの議論ははたして、こうした思想状況を変える可能性をもつだろうか。その思弁的実在論を前提とすれば、コンピュータは「即自的存在」にアクセスすることができるのか。われわれ人間と無関係にそれ自体として存在するもの、つまり即自的存在にコンピュータがアクセスし、これを記述できなければ、人間を超えた「普遍的知性」などありえないはずだ。さらに前章で示したような汎用のクラウドＡＩネットは、現実問題に対処し解決する正当性を持ちうるだろうか。最新の哲学である思弁的実在論は、正当性の根拠となりうるだろうか——以上のような問いに答えることが、本書の最大の目標となってくる。

主観主義的形而上学による「強い相関主義」批判

メイヤスーが、相関主義の徹底化によって新たにその思弁的実在論を導出するにいたる議論は精緻きわまるものである。本書ではその論理的道筋を詳細にたどることはしないが、大まかな骨子だけをまとめておこう。なお、ここで「思弁的（spéculatif）」というのは、メイヤスーによれば、絶対的なもの一般（un absolu en général）にアクセスできると主張するあらゆる思考（pensée）のことを指す（Meillassoux 2006a, p. 59／六三頁）。つまり思弁的実在論においては、即自的存在について直接に、したがってわれわれ人間とは非相関的に語れるということになるのである（ただし、思弁的実在論の議論自体は相関主義から出発する。その議論のエッセンスは、インタビュー記事「思弁的唯物論のラフスケッチ」

(Meillassoux 2012) からつかむことができる)。

相関主義的（超越論的）な哲学は、カントによって正式に開始された。メイヤスーによれば、それは二種類ある。カントの思想は「弱い相関主義」であり、われわれ人間は物自体を悟性や感性という枠組みで直接には認識できないものの、物自体は存在しており、しかもそれらは無矛盾律をみたすということになる。

しかしこれは、相関主義の本質である反‐絶対主義の思想からすれば不徹底なものだ。主観を重んじる相関主義を徹底すれば、即自的存在（物自体）については何もわからず、語ることもできないはずではないか。この立場をとるのが「強い相関主義」であり、ハイデガーやヴィトゲンシュタインなどの議論をはじめ、現代の主流哲学思想はこれに分類される。思弁的実在論は、この強い相関主義を乗り越えるための議論に他ならない。

ここで注目されるのは、メイヤスーが「主観主義的形而上学（métaphysique subjectiviste)」とよぶ現代哲学の一派である。これは、相関主義を踏まえながらも、その批判を通じて現れる考え方であり、分類上は古典哲学とおなじく形而上学にふくまれる思想と言ってよい。ニーチェ、ヘーゲル、ドゥルーズの議論など、強い相関主義と同様に、現代哲学の代表的な思想として位置づけられるのが、この主観主義的形而上学である。なお、ここでいう「形而上学」とは、理由律（論理的推論）によって絶対的なもの（即自的存在）にアクセスできると主張するあらゆる思考を意味している(Meillassoux 2006a, p. 59／六二頁)。つまり、主観主義的形而上学とは、主観主義（subjectivisme）から出発して即自的存在について語れると主張する考え方なのだ。

主観性とは相対的なものだとすれば、そこから出発して絶対的なものへのアクセス可能性を主張する主観主義的形而上学は奇異な感じがするかもしれない。しかし、ここで主観主義的形而上学から強い相関主義への批判に着目する必要がある。強い相関主義は反‐絶対主義であるが、これを貫くと、実は相関主義の主張自体が宙に浮いてしまう。直感的にも明らかなことだが、あらゆる言明が相対的だとすれば、相関主義を主張する言明自体も相対的になり、正当性の根拠を失うことになるからだ。したがって、主観主義的形而上学は、この矛盾を解消するために、主観にもとづく相関主義自体が絶対であり、理由律をふまえた必然的なものであるはずだと主張するのである。まさにこの点、つまり主観と世界（宇宙）との相関関係の絶対視こそが、主観主義的形而上学の根拠をなすのだ。こうして、主観主義的形而上学は、即自的存在にアクセスできることになる。

主観主義的形而上学が強い相関主義にたいして持つ利点について付言しておこう。強い相関主義のもとでは、前述のように、われわれ人間は即自的存在については、それが矛盾しているかどうかを含め、まったく分からない。非主観的な領域の出来事や存在は思考不能であり、それについて語ることは根本的にできないのだ。これは、逆にいえば、非主観的な領域の事柄についていかなる非合理的な言明がなされても、それを強い相関主義の哲学は論駁できない、ということに他ならない。つまり、狂信の類のあらゆる信仰主義にたいしても、強い相関主義はリベラルに認めなくてはならなくなるのだ。

一方、主観主義的形而上学では、世界（宇宙）において主観的な相関がとらえるもの以外の存在は一切認められない。主観的な相関とは、具体的にはたとえばニーチェの「力への意志」、ヘーゲルの

「精神」、ドゥルーズの「生」といった審級であり、それらの網目にかからない一切は無意味であり、存在しないことになる。ゆえに強い相関主義と異なり、主観主義的形而上学には、非合理的な狂信がつけいる余地はなくなるのである。

事実論性（非理由律）の原理

以上述べたように、主観主義的形而上学による強い相関主義の批判は、それなりの説得性をもつように見える。しかし、もともと相関主義という考え方は反‐絶対主義であり、形而上学特有の独断的主張の拒否だったことを考えると、「主観的な相関の絶対化」という思想に首をかしげる人も多いだろう。少なくともそれは、機械的知性が即自的存在にアクセスし、人間を超えた知的記述や客観的判断をおこなうというＡＩの理念を支えるものではない。一方メイヤスーは、以下で述べるように、主観主義的形而上学とはまったく異なる観点から強い相関主義の克服をめざす。この努力が思弁的実在論の導出につながるのである。

まず注目すべきは、右に述べたような形而上学というものが「理由律」にもとづいているということである。つまり、古代ギリシア以来の古典的形而上学も含め、あらゆる形而上学では、論理的推論によって即自的存在に直接アクセスでき、世界（宇宙）について正しく記述できるという点が大前提なのだ。ここで理由律というのは、簡単に言えば、世界（宇宙）が「このような状態になっており、それ以外ではない」という事実には必然的な「理由（raison）」があるということである。たとえば、自宅の前の道路に生ゴミが散らばっている理由は、カラスがゴミ袋をつついたからであり、カラスが来襲するようになった理由は、もともと住んでいた山林が開発されてカラスが住宅地に移動したからであり、山林が開発された理由はそこに工場が建設されたからであり……といった次第である。出来事や存在にはかならず理由（原因）があり、それらは法則にしたがう因果の鎖で結ばれている。ライプニッツはこれについて厳密に考察し、「充足理由律」とよぶ原理を述べた。充足理由律のもとで、世界（宇宙）が今のようである事実は「必然的」だ、ということになる。あらゆる存在には、それをもたらす必然的な理由があり、因果の鎖で別の存在と結ばれている。とすれば、因果の鎖をどこまでも辿っていけば、ついには究極的な理由（原因）を与える必然的存在まで行きつくはずだろう。その究極的な必然的存在は、自らのうちにその理由（原因）を含むものである。デカルトはこの究極的存在を「神」と見なした。

繰り返しになるが、古典的か主観的かによらず、「形而上学」は、理由律（論理的推論）を介して絶対的なもの（即自的存在）にアクセスできると主張する（したがって、形而上学はつねに思弁的である）。そこでは絶対性と必然性がぴったり一体化しているのだ。しかし、デカルトが考えたような究極的存在を否定したのがカントの批判哲学であり、そこから近代哲学（相関主義）が始まったのだった。われわれ人間の「外部」にもはや究極的存在を仮定することはできない。ゆえに、理由律にもとづいて即自的存在の必然的なありさまについて語るのはおかしいということになる。こうして、メイヤスーは、主観主義的形而上学による強い相関主義への論駁の仕方を否定する。

かわりに、メイヤスーは驚くべき主張を展開する。すなわち、理由律を否定し、絶対性と必然性のつながりを断ち切ろうというのだ。世界（宇宙）がこのようになっている（たとえば自宅の前の道路に生ゴミが散らかっている）という「事実」は絶対的なものとして認めるが、それが必然的だという理由はないと見なす。それ以外の事実（生ゴミがきちんとゴミ袋に収まっているとか、そもそも生ゴミなど見当たらないなど）の可能性を認め、現状（生ゴミの散乱）は絶対的な事実だが、それはあくまでも「偶然的」だと考えるのである。

つまり、われわれ人間の主観と関わりなく、世界（宇宙）には絶対的な事実があり、しかもその事実の出現は「偶然だ」と主張するのだ。これがメイヤスーの思弁的実在論の要諦だと言ってよい。そこでは、人間と無相関に「事実」としての即自的存在が実在するので、それらについて数学的に記述することが正当性をもつことになる。

思弁的実在論は、一般人からすると素朴実在論に近いという感じがするだろう。だが、それは非理由律原理（principe d'irraison）にもとづく現代哲学であり、西洋思想で伝統的に重視されてきた理由律は「事実論性の原理（principe de factualité）」によって置き換えられる、という主張なのである。

ところで、相関主義哲学からすると、思弁的実在論の主張にたいして異論が唱えられるかもしれない。現在の事実（生ゴミの散乱）以外が生じる可能性はいくらでも考えられるが、それらはあくまでも「われわれ人間にとっての可能性」ではないか、というわけだ（生ゴミが散乱しているか整頓されているかの区別は人間の判断と言える、など）。実際、われわれは人間の枠を越えてものを考えられないのだから、相関主義を打破することは容易ではないのだ。

だが、これに対してメイヤスーは「人間は死んだ後にどうなるか」という例題をあげて巧みに反論している（Meillassoux 2006a, pp. 86-94／九六―一〇四頁）。死後に人間は天国で永遠に生きるという主張や、また完全に無になるという主張があるが、相関主義者は自分が死んで消滅してしまう以上、不可知であると主張するだろう。さらにここで、「自分が死んで消滅すること自体を自分は思考できないはずだ」という主観主義的形而上学者の主張も現れるかもしれないが、相関主義者はこれに反論しなくてはならない。その結果として相関主義者は「自分に起こりうる消滅は、その消滅についての思考に相関せずに思考可能である」(ibid., p. 90／一〇〇頁)と認めざるを得ない、とメイヤスーは述べる。つまり端的には、相関主義哲学においては、即自的な存在を「まさに絶対的なものとして実際に思考可能である」(ibid., p. 92／一〇二頁)と認めることになってしまうと指摘するのだ。こうして、反－絶対主義を徹底させると、非理由律(事実論性)のみが絶対的であり、この世界(宇宙)が理由なく偶然にこうなっていることだけが必然的である、という思弁的実在論のテーゼが浮かび上がってくるのである。

以上述べた論証はいささかトリッキーな感じがするし、メイヤスーの議論は必ずしも現代哲学において全面的に受け入れられているとは言えないだろう。反－絶対主義が底なしの相対主義や狂信をもたらすという危惧はわかる。だが、いったい誰がどのように「事実」を認知し記述しているのか、という基本的な疑問は消えない。メイヤスーの言う相関主義哲学(カント、ハイデガー、ヴィトゲンシュタイン)や主観主義的形而上学(ニーチェ、ヘーゲル、ドゥルーズ)からのみならず、新実在論の立場からもその議論を批判する声はすでにあがっている(たとえば、ガブリエルとジジェクによる反論Gabriel and Žižek 2009を参照)。これらに説得性がないとは言えない。

しかし、素朴実在論を暗黙のうちに前提とする現代科学と、相関主義にもとづく現代哲学のあいだの深い亀裂の解消を示唆する思弁的実在論の挑戦や企図は、きわめて重要である。とくにＡＩにおいては、科学技術的な成果が実践面で現代社会の人間生活と深く関連してくるので、この亀裂を放置することは致命的だと言ってよい。具体的には、われわれ人間の思考を直接介することなく、汎用のクラウドＡＩネットの機械的知性によってデータが分析され、社会的判断がくだされるとき、その正当性の根拠が思弁的実在論によって与えられるのかが問われることになる。以下、これについて述べていくことにしたい。

2　宇宙の安定性の根拠

非理由律と不可知性

思弁的実在論は、ＡＩのみならず現代の科学技術の哲学的根拠をあたえるように思われるが、ここで大きな問題点を指摘しておかなくてはならない。世界（宇宙）の諸事象は必然的に起きているわけではなく、まったく偶然的に起きているのだ、という思弁的実在論の非理由律的な主張は、自然法則にもとづく科学技術の活動と正面から対立するものではないだろうか。

あらゆる科学技術分野では、形而上学のように世界（宇宙）の森羅万象が必然的な理由（因果関係）にもとづいて存在していると大上段に述べないまでも、少なくともそれぞれの分野において局所的には自然法則という「理由」にもとづく事象が生起していると見なされている。また、その自然法則は、測定結果から実証的に帰納されると当然のように考えられている。[2] つまり、局所的には因果律にもとづく必然性が前提になっているのだ。もし世界（宇宙）の万象が偶然に生起し、つねに変転し、そこに何の必然性もなければ、科学技術的な知など成立しない。ところが、メイヤスーは相関主義哲学を批判するために、次のように述べるのである。

> 私たちは、理由の究極的不在〔…〕は、絶対的な存在論的特性であり、私たちの知の有限性の印ではない、と考えなければならない。〔…〕いかなるものであれ、しかじかに存在し、しかじかに存在し続け、別様にならない理由はない。世界の事物についても、世界の諸法則についてもそうである。まったく実在的に、すべては崩壊しうる。木々も星々も、星々も諸法則も、自然法則も論理法則も、である。これは、あらゆるものに滅びを運命づけるような高次の法則があるからではない。いかなるものであれ、それを滅びないように護ってくれる高次の法則が不在であるからなのである。（Meillassoux 2006a, p. 85／九四頁）

このように全てが偶然的な事象であり、自然法則さえも変転すると主張するのが思弁的実在論なのだ。より正確にいえば、ここでは世界（宇宙）にある即自的存在のありさまについて論理的・数学的に語ることはできるとしても、その状態がそのまま続くということはまったく保証されないのである。即自的存在について論理的・数学的に記述できるのは、それらが無矛盾だからである。無矛盾であり、それについて思考できるという意味では、思弁的実在論はカントの「弱い相関主義」と同様なのである。

あらゆることが偶然に生じうるから、世界（宇宙）はメイヤスーによれば「ハイパーカオス（hyper-Chaos）」となる（なお、ここでいう「カオス」とは、数学的なカオス理論とはまったく関係がなく、単に無秩序で予測不能な混沌という意味である）。そこで保証されるのは、「あらゆる秩序の崩壊可能性」だけなのだ。これは一種の不可知論である。つまり、思弁的実在論にしたがえば、世界（宇宙）の万象について、一瞬後に何が起きるのかの正確な予測は厳密には不可能だ、ということになってしまう。だが、こういう世界（宇宙）像は、われわれの直感に反するはずだ。科学者のみならず一般人にとっても、世界（宇宙）にはそれなりに安定した秩序があり、自然法則が成立しているように見える。石を投げれば、だいたい同じような軌跡を描いて飛ぶだろう。そういう経験的な恒常性がなければ、科学技術の発展どころか、われわれは日常生活さえ送れない。

ところが一方、厳密に考えると、昨日の世界（宇宙）が今日の世界（宇宙）となぜ同様だと断言できるのだろうか。自然法則は過去から未来永劫にわたって絶対に不変だという根拠はなさそうにも思える。実際メイヤスーが指摘するように、ヒュームは、過去のデータを集めて自然法則を導く帰納法の根拠について悩んだあげく、その正当性を論証できないと考えた（Meillassoux 2006b）。

誤解を防ぐために、ここで自然法則のなかに決定論的法則と確率的法則があることを指摘しておこう。所与の条件のもとで、前者はある事象が必ず生起すると保証するが、後者はある事象が一定の確率で生起すると保証するのである。確率的法則が成立していても、未来に起こる個別の事象を正確無比に予測することはできない。しかし、確率的法則が成立していれば、統計的に収集されたデータを集めることで、原理的には未来の事象の生起の仕方を正確に言い当てることができる。つまり、確率的法則は一段次元が高いだけで、継続して存在する法則であり、事象は生起したりしなかったりしても、法則自体は安定して継続していると考えることができる。

一般に、科学技術者もふくめ、われわれ現代人は、この世界（宇宙）には、たとえ決定論的法則が成立していないにせよ、確率的法則は恒常的に成立しており、それを理論モデルと測定データによって探究できると信じているのではないだろうか。しかし、思弁的実在論では、決定論的か確率的かを問わず、あらゆる自然法則は変転し、恒常性など保証されないと見なすのである。

潜勢力と潜在性の違い

メイヤスーは、確率的な「運（hasard）」を、より本質的な「偶然性（contingence）」から区別する。確率的法則にしたがってある事象が生起するのも一種の（高次の）必然性だが、偶然性はあくまで必然性の対立概念なのだ。数学的な確率論の用語では、確率的法則にしたがってある事象が「偶然」に起きると言うこともあるが、思弁的実在論においてそれは「運」による生起と呼ばれ、「偶然性」はこれとはまったく異なる概念とされるのである。

ここで「潜勢力（potentialité）」と「潜在性（virtualité）」という二つの概念が登場する。前者は運、後者は偶然性にそれぞれ対応する。両者の定義は以下のとおりである（Meillassoux 2006b／八八頁）。

潜勢力とは「与えられた法則（運否天賦的であるにせよ、そうでないにせよ）の条件下にある可能的なものどもからなる索引づけられた集合のなかに含まれていない、現実化されていない事象のこと」である。つまり、「運」とは、潜勢力のあらゆる現実化のことなのだ。ここで、「索引づけられた（répertorié）」とは、「一覧表に書き込まれ、登録された」といった意味である。確率論になじみがあれば、この潜勢力という概念を理解するのは容易だろう。それは、全事象の集合のなかの要素（それぞれにたいして生起確率が与えられている）のなかで、生起（現実化）していない事象のことに他ならない。バラバラで多様に見えても、潜勢力のもとで、事象は決まった法則にしたがって整然と必然的に生起するのだ。

一方、潜在性とは「可能的なものどもによって予め構築されたいかなる全体によっても支配されない生成のなかで創発する、あらゆる事象集合の性質」である。潜在性と不可分なのは「偶然性」だが、これは正確にいうと「それ自体は事象集合からなる集合の事象とはならないような（そして、ある索引づけられた集合に属する事象からなるのではない）索引づけられた事象集合の性質」である。つまり、あらかじめ準備されたのではない未知の事象や法則が、潜在性によって、時間経過とともに偶然に生成されるのである。

潜勢力と潜在性を分かつポイントは、可能的な事象からなる世界（宇宙）の「全体」という概念だ。もし「全体」が確定していれば、その中のどれが生起するかの「法則」（決定論的であれ確率論的であれ）と関係づけられ、その場合には潜勢力の概念だけでことが済むだろう。だが、思弁的実在論における「全体」は、可能的な事象集合（世界のありさまの可能的な集合）を数えつくすだけでは足りず、ゆえに確定できないのである。

その根拠としてメイヤスーが持ち出すのが、カントールの数学的な定理だ。周知のように、冪《べき》集合

（ある集合の全ての部分集合を集めた集合）の濃度（要素数）はもとの集合の濃度より高い。したがって、世界（宇宙）の可能な事象集合の冪集合の列をたどっていけば、濃度は際限なく高くなり、全体を確定できなくなってしまう。こうして既知のものからの選択ではなく、未知の新しいものの創造的な「生成」の余地がうまれる。つまり潜在性のもとで、時間によって可能なものがもたらされるのだが、まさにその瞬間に、時間はそれを創造するのである。

世界（宇宙）のありさまの可能性が限りなく広いという数学的性質は、いったい何をもたらすだろうか——それは、世界（宇宙）の安定性と非必然性の両立に他ならない。

前述のように、われわれの目には、世界（宇宙）のありさまは時間が経過しても安定しており、自然法則は恒常的に成立しているように見える。この信念が科学技術の基盤をなしている。だが、もし可能世界の「全体」が確定していれば、潜勢力のもとでいつまでも安定状態が続くのは直感的におかしい、ということになるだろう。サイコロをふっていつも同じ目が出ることはないように、確率的には自然法則自体も頻繁に変化するはずだ。経験的に自然法則が変わらないとすれば、世界（宇宙）の現状の必然性を信じたくなってくるだろう。

しかし、可能世界の「全体」が未確定で際限なく広がっていくという前提条件では、この議論は成立しない。本質的には世界（宇宙）は潜在性をもっており、偶然に未知の法則や事象が生起することは十分にありうるにせよ、たまたま安定状態がずっと続いているということも十分にありうるからだ。さらに、たまたま世界（宇宙）の安定状態が続いている限り、少なくとも局所的には潜勢力と法則にしたがって事象は生起するから、科学的探究は成立するし、科学技術も有効性を発揮するのである。

機械的知性と生命的知性

以上のように、思弁的実在論のもとで、科学技術研究はひとまず理論的な根拠をえたということができる。前述のように即自的存在は無矛盾であることから、数学的な論証も有効性を保証されるのだ。

とはいえ、本質的には世界（宇宙）を通底しているのは必然性ではなく偶然性であり、恒常的な法則などは存在せず、事象は時間とともに一瞬ごとに偶然的に生起するという主張は、われわれ現代人の通常の科学的な世界（宇宙）観とはかなり異なる斬新な世界（宇宙）観を描出せずにはおかない。なぜなら、科学者だけでなく、われわれ一般人にも、世界（宇宙）には、既知にせよ未知にせよ、決定論的か確率的かを問わず、恒常的な自然法則が成り立っており、その秩序にしたがって多様な事象が生じている、という常識があるからだ。その意味では現在、潜勢力は認められても、潜在性は公的（学問的）には認められていないのである。

したがって、たとえば原発事故のリスクを考えるとき、「巨大地震はいつ襲ってくるか誰にもわからないし、もし巨大地震がおきたら首都圏は放射能汚染のために壊滅するから絶望的だ」といった話は、とるにたらない感情的な議論とされてしまう。一方、「この程度の地震がおきる確率はこれこれしかじかであり、したがってリスクは各地域でこの程度だと見積もられる」というのが信頼できる知的な議論と見なされているのである。そこでは、「われわれ人間にとって」という相関主義的な枠組みは棚上げにされ、即自的存在についての確率的ないし決定論的な数学的理論モデルが前提とされることになる。

こういう世界（宇宙）観が前提とされていることは、ＡＩについてもまったく同様である。シンギュラリティ仮説などにおいて、ＡＩが「人知を超える絶対的な知」を実現すると言うとき、そこで期待されるのは、人間が発見できないような自然法則をＡＩが発見し、生起する事象を的確に分析したり予知したりする能力なのだ。機械的思考とは、基本的に、潜在性ではなく潜勢力、つまり確率論を前提としたものである。第一章で述べたように、第一次ＡＩブームにおいては高速な推論の自動化が実行されたが、第二次ブームにおいては知識命題の導入によって自動推論の応用範囲拡大が目指された。知識命題からの推論に含まれる誤りに対処しようとして、統計的推測をおこなうのが二〇一〇年代の第三次ブームと汎用ＡＩネットである。つまり、過去のデータにもとづいて確率モデルを作成し、これによって予測計算した結果を回答するわけだ。これこそまさに潜勢力にもとづく知といえるだろう。

一方、はたして生命的な思考とは潜勢力を前提としたものばかりだろうか――むろん、生命体は過去の習慣にもとづいて行動するから、そういう思考も部分的に含まれるが、同時に、過去に遭遇したことのないまったく新たな状況のもとでも、生命体は何とか生き抜こうとする。だから、その思考は潜在性にも関連しているのだ。

思弁的実在論は、世界（宇宙）にたいするわれわれの理論的イメージを根本的に変革し、生成と創発という概念を新しく定義し直した。世界（宇宙）においては、すべての事象は偶然に生起するが、それを現実化するのは「時間」である。ここでいう「時間」は、科学的な理論モデルにおける時間パラメータとは異なる。つまり「全体」に支配され、確率的ないし決定論的な法則のもとで潜勢力から生まれる事象を単に実現するだけのものではない。刻々とリアルタイムで流れていく、繰り返せない時間であり、「可能的なものからなるすべての無矛盾な集合」を生み出すことのできるものだ。それは、潜勢力に含まれてはいない、まったく新しい法則を生み出すことさえできる（Meillassoux 2006b／八八頁）。

要するに、この流れていく時間こそが、新しい事象を創発させるのだ。「生成」とはいったい何だろうか——それは、単に既存の事象宇宙を前提として事象が生み出されることではない。まさに「無」から突発的に事象が出現することこそ、生成の本質なのである。

潜在性にもとづく創発の範例として、メイヤスーは生命の出現を指摘している。「物質の内に感覚可能性を備えた生命が出現した」ことは、潜勢力だけにとらわれていれば、まさにありえない奇跡的な出来事のように思える。そのような確率は際限なく小さいと考えられるからだ。だが、潜在性のもとで、時間は「先行する状態に予めまったく含まれていない状態」を創発させることができる。「現在は決して未来をはらんでいない」のである（ibid.,／八九頁）。

生命体という存在は、本質的に、こういった生成や創発と不可分なのだ。生命体はあくまでも現在この瞬間の刻々に応じて生きており、過去のデータ処理に依存して動作する機械とは根本的に違う。だから単純化していえば、機械的知性と生命的知性を決定的に隔てるのは、潜勢力と潜在性の相違なのである。

では、思弁的実在論のもとで生命体はいかに位置づけられるのだろうか。この点についてメイヤスーの論文「減算と縮約」（Meillassoux 2007）をもとに、次節で論じていこう。

3 物質・流動・生命

思弁的実在論から見た生命

オートポイエーシス理論に代表されるネオ・サイバネティクスの考え方は、生命体という観察者に注目するという点で相関主義哲学と相性がよい。[3] そこでは、「外部を観察する（あるいは外部から観察される）システム」という枠組みが前提となり、前述のように、「自律システム」としての生命体は、「他律システム」である機械との対照のもとに位置づけられる。一方、相関主義を正面から批判する思弁的実在論では、このようなアプローチを用いることはできない。そこではまず、あたかも世界（宇宙）のすべての即自的存在を一挙に透明に観察するような視点からの議論を出発点とするからだ。したがって思弁的実在論においては、無機的な「物質」をもとに有機的な「生命体」を位置づける作業が浮上することになる。

メイヤスーが出発点とするのはベルクソンの生命論である。ベルクソンの有名な著作『物質と記憶』（ベルクソン 二〇〇七）の主な目的は、カントの批判哲学を無用なものにすること、つまりわれわれが認識できないとした「物自体」を拒否することにあった、とメイヤスーは述べる。この方向性が思弁的実在論とぴったり一致していることは言うまでもないだろう。メイヤスーによれば、「物質は我々がそれを知覚するとおりそれ自体で存在すると主張することによって、ベルクソンは、明らかに、カントのコペルニクス的転回を回避すること、さらには、それを無用なものとすることさえ企図している」（Meillassoux 2007, p. 71／一四八頁）というわけだ。

「存在（être）は、おそらく現れ（apparaître）以上のものではあるが、現れと本質的に異なるのではない」というのがベルクソンのイマージュ論なのである。物質は「イマージュ（像）の総体」と見なすことができる。それにしても、即自的存在である物質がいったいなぜイマージュ（像）なのか、疑問が生じるだろう。メイヤスーは明記していないが、ここで隠れた観察者がひそかに想定されていることに気づかなくてはならない。その観察者は、われわれ人間ではなく、世界（宇宙）のすべての存在を透明かつ一挙に眺めることのできる、いわば「神」のような存在である。その観察者の視野のなかにイマージュの総体が映っているのだ。そして、この前提の上で、身体をもつ有限のわれわれが物質という対象を知覚する、というメカニズムが語られることになる。

メイヤスーは、ベルクソンの次の言葉を引用している。「常識にとって、対象は、それ自体で存在しており、そのうえ、それ自体で、我々に見られるとおり、彩られている。それはイマージュであるが、それ自体で（en soi）存在するイマージュなのである」（ibid., p. 71／一四八頁）。

これを簡単にいえば、ベルクソンの純粋知覚理論とは、「減算的」な知覚理論にほかならない。われわれ人間の「知覚のうちにあるものは物質のうちにあるものよりも少ない」のだ。イマージュ（物質）どうしは相互に作用・反作用しあっている。人間の身体もそういうイマージュの一種だが、ただしベルクソンによれば、人間の身体は「受けとるものの返し方」を選択しているのだ。そして知覚とは、「イマージュの総体」である物質が「ある特定のイマージュ、すなわち私の身体の可能的行動と関係づけられたとき」に生まれるとされる。だから生物においては、多様な対象のうちで、その生物と利害関係にないものはすべて削除されてしまうのである（ibid., p. 72／一四九頁）。

ここでメイヤスーが強調するポイントは、即自的存在である「イマージュの総体」から一部が選ばれてわれわれの世界に現れるのであり、そこに付け加えられる加算部分はない、という点だ。実はベルクソンは「記憶」の効果に言及し、知覚と記憶による一種の総合によって現在が構成されると述べるのだが、この点についてメイヤスーは、記憶による縮約という要素を導入すると「即自的存在の認識可能性」という成果が失われるときびしく批判する。あくまで縮約抜きの「純粋な減算モデル」によって生命的な知覚や生成をとらえるべきだというのだ。生命体のもつ世界像に記憶作用が働くなら、どうしてもカントのように相関主義的な面が混入してしまうというのがその理由である。

ここで一言付け加えると、基礎情報学をふくめネオ・サイバネティカルな議論、とくに世界像がオートポイエティック・システムであるというモデルでは、記憶が本質的な役割を果たしている。オートポイエティック・システムにおいては前述のように、その構成素が、構成素から自己準拠的・再帰的に生成されていく。これはまさに、記憶作用にもとづいて心的システムや社会システムが構成されていることに対応している。そこで顕現する世界像は、なんらかの既存のものから「減算」して作られるというより、むしろ周囲環境の刺激をうけて当該システム特有のやり方で創られるものなのだ。これはまさに相関主義と重なっている（したがって、あえて言えば、ベルクソンの知覚論は、この相関主義的なオートポイエーシス論とメイヤスーの実在論の中間に位置すると言ってもよいだろう）。

だが一方、せっかく認識主体から独立した物質という前提から出発したのだから、議論の即自的・内在的な特質が損なわれるので記憶作用は排除すべきだというのは、思弁的実在論としては当然のことかもしれない。それは、ベルクソンの議論を引き継ぎつつも、次に述べるように、物質とその関係をもとに、純粋な減算モデルによって生命体をとらえようとするのである。

反動的生成と能動的生成

世界（宇宙）には、イマージュから成り立っている物質が充満している。そして、物質と物質は自然法則にしたがって緊密に連絡しあっている。メイヤスーは、この連絡のことを「流動（flux）」とよぶ。この流動が遮断（interception）されると、一部の流動だけが生命体のなかに侵入することが可能になる。遮断といっても実は迂回なのだが、これによって生命に関連した多様な出来事が発生していく。すなわち、生成（devenir）とは「諸々の流動とそれらの遮断のこと」（Meillassoux 2007, p. 81／一五七頁）だが、真の生成は潜勢力ではなく、潜在性によってもたらされるのである。

物質を相互にむすぶ流動という概念は、きわめて抽象的な感じがする。だが、たとえばわれわれの身体が細胞でできており、細胞は高分子タンパク質によって形成されていて、それらが複雑な相互化学作用をしていると考えると、流動の具体的な姿が浮かび上がってくるだろう。さらにわれわれの身体は、周囲環境にある多種多様な物質とつねに相互作用しながら存続している。

当然ながら、この身体は世界（宇宙）のすべての物質と相互作用しているわけではない。生命体においては選別（sélection）がおこなわれるが、これは人間の自由意思による選択（choix）というより、むしろ生物的な身体によって選択の前段階として実行されるのである。そして、端的には、思弁的実在論において生物とは「流動の局所的希薄化（raréfaction locale）」に他ならない。これが生命体であり、流動が削減され貧困化するような一種の場所（lieu）を形成している。すなわち、生物の定義とは、「複数の遮断から成る非連続的な環《ループ》（boucle discontinue d'interceptions）」ということになるのだ(ibid., p. 87／一六二頁)。

では、こういう生物は、物質からいかなる出来事として生まれるのだろうか——生命的な生成について、メイヤスーは二つのタイプをあげている。第一は不連続な環の狭窄であり、これは「反動的生成（réactif devenir）」とよばれる。すでに述べたように、生物は自らの生存と関係しない流動を身体的に排除するが、この生物特有の無関心を増大させるのが、このタイプの生成である。第二は不連続な環の拡大であり、「能動的生成（actif devenir）」とよばれる。こちらのタイプは逆に、自らを流動の一部へと開放し、関心を拡大させるのだ。

第一の反動的生成は、自己保存のために保守的になり、外界への関心を失ってしまう愚劣な動物という印象と不可分である。われわれの視点からすれば、とかく動物は、人間のように道具をつかって環境を変え行動を改善するといった努力をせず、遺伝的に決定された行動パターンにしたがって堂々巡りの生を繰り返しているように見えるからだ。一方、第二の能動的生成には革新という印象がある。メイヤスーは述べる、「能動的な身体、革新的で創出的な（inventif）生成を被り得る能動的な身体には、つねに何かが起きている。〔…〕それは、絶えず被られる経験、触発的な経験に由来するものなのであって、この経験のうちで、ラディカルな外部（extériorité）が、それまでそのようなものとして決して感じられることのなかった外部が与えられるのである」（ibid., p. 90／一六四頁）と。

世界と関係する表面を縮小していく反動的生成は、自己創出を生命活動の本質だとすれば、きわめてネガティヴな感じがする。一方、能動的生成は逆にポジティヴに感じられる。さらにそれは、ＡＩを楽観的にとらえる議論とも馴染みがよいと感じられないだろうか。ここで、人知を超える普遍的な知の実現というＡＩの目標を生命の能動的生成と関係づけることも、あながち不可能ではない。少なくとも、そういうシンギュラリティ信奉者の意見が出てきても不思議はない。人間以外の生物の特徴を反動的生成と、人間の特徴を能動的生成と結びつけ、さらにその延長で、人知を超えるＡＩが物自体にアクセスし、正確にデータを分析し、真理獲得へと迫っていく、という筋書きである。

となると、思弁的実在論によって、原理的に人知で制限される相関主義を乗り越え、ＡＩが絶対知追求の王者として君臨していく哲学的根拠が与えられるのだろうか。

——結論を先取りすれば、必ずしもそうではないのである。以下、メイヤスーの議論にもとづいて、その理由を考えてみよう。

情報社会における死

生命と反動的生成／能動的生成の結びつきを考慮するにあたって、メイヤスーは「二つのタイプの死」に注目する。死というのは、「非連続的な環の消去」に他ならないが、ここで消去の二つの方法があるというのだ。第一は、「遮断の環の漸進的な縮小による死」である。これは身体の縮小により、

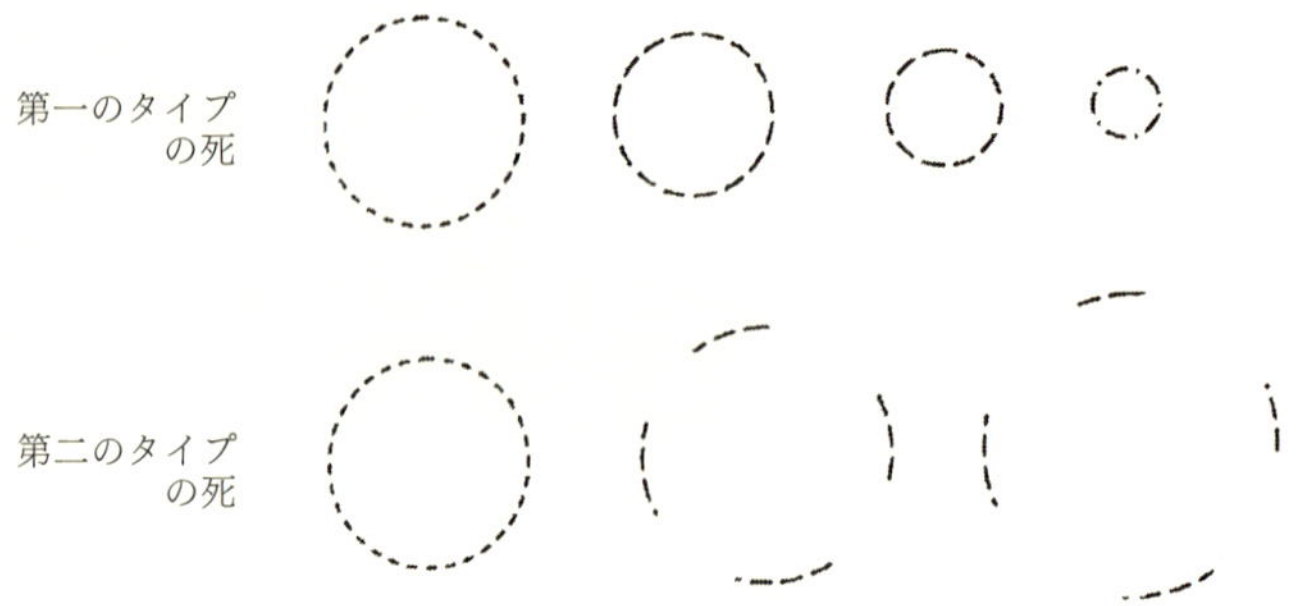

二つのタイプの死（Meillassoux 2007, p. 91／一六五頁のシェーマ6を基に作成）

環の表面が減少して死にいたることである。身体は折り畳まれるように少しずつ小さくなり、ついには完全になくなってしまうのだ。反動的生成がここで働いていることは明らかだろう。世界に対して絶えず強まる無関心によって、死へ向かうのである。

反動的生成と結びつくこの第一のタイプの死が、人間をのぞく動物はもちろんのこと、通常の人間にとっても、太古からの自然な死であったことは言うまでもない。それは現在でも、老人が加齢とともに徐々に衰え、命を全うする、あの「穏やかな死」のありさまに他ならないのである。クリエイティヴであることが尊ばれる近代的進歩主義からすれば、これは人間にとって価値の高い死とは言えないかもしれない。だが、文化や宗教をふくむ歴史的な観点から見るなら、不幸な死だと断定できるだろうか。

次に、環の消去のための第二の方法は、「消散（dissipation）」すなわち環そのものが徐々に消え失せることによる死である。この第二のタイプの死は、第一のタイプの死とは違って、環の表面（身体）の「縮小」ではなく、環そのものがなくなって消散してしまう死なのだ。つまりこれは、身体が外部の流動へと拡大し、ついには完全に消え失せてしまう死なのである。こちらの第二のタイプの死が能動的生成と結びついていることは明らかだろう。なぜなら能動的生成とは、たえず新たな流動にむかって自らを開放していくことなのだから。

　メイヤスーはここで、第二のタイプの死について驚くべきコメントを述べる。前述のように、死によって物質になることは、イマージュの選別がなくなることである。とすれば、死は無になることではなく、狂気、無限の狂気に匹敵するものになることだと言うのである。「全宇宙の、ありとあらゆる運動、ノイズ、匂い、風味、光が――ありとあらゆる事物の凄まじく騒々しい喧噪が駆け巡るかのごとく――我々に、ある瞬間に一度に訪れるとしたら、そのとき、我々の生命（vie）はどのようなものであるのだろうか」と、メイヤスーは問いかける。死はたんなる空虚ではなく、「存在のおぞましい過剰」になってしまうのではないか、というわけだ（Meillassoux 2007, p. 92／一六六頁）。

　こうして、能動的な生成は恐ろしいものであることがわかる。それは「ある執拗な愚行の生成、新しさの見かけをもったあらゆるものへの狂乱的な開放の生成」に他ならない。クリエイティヴな死とは、メイヤスーによれば、「触発の欠損の増大によって眠りこむことではなく、コミュニケーションの絶え間ない流れのうちで呆けること」（ibid., p. 92／一六七頁）なのである。ここでいうコミュニケーションとは、物質同士の連絡、つまり流動に他ならない。こうして、生命体にとって反動的生成がなぜ大切なのかがわかってくる。反動的な生成とは、クリエイティヴな生成から生命体を保護するものなのだ。それは我々を狂気としての生成から保護してくれるのである。とすれば、哲学は能動的生成ではなく、反動的生成を司るものでなくてはならない、ということになってしまう……。

　以上述べてきたように、メイヤスーの思弁的実在論は、コンピュータ技術の発展のもとに現代社会をおおっている急速な情報化の傾向にたいして警告を発しているのではないかという気がしてくる。

たしかに、それはＡＩの根拠に疑問をつきつける相関主義的な哲学を批判した。だが、大量のデータ、つまり機械的な情報を統計的に処理し、それによって人知を超える知力をもつと期待されるＡＩは、結局、能動的生成の頻度や規模を一挙に増す効果をもつだけのことである。

とすれば、楽観的なトランス・ヒューマニストの予感に反して、ＡＩは、人間がどこまでも「呆けていく」ところへ、強引にわれわれを連れていってしまうのではないだろうか。仮にケリーのいう汎用のクラウドＡＩネットが世界（宇宙）を俯瞰する視野を獲得するとしても、それは近未来社会における情報大洪水をまねき、われわれ人間の惨めな溺死をもたらすに違いない。

第四章

生命とＡＩがつくる未来

1　相関主義への疑問をめぐって

AI情報社会のとらえ方

ＡＩが発展していく近未来情報社会を、いかなる理念のもとに建設していけばよいのだろうか。すでに述べてきたように、ＡＩの根底にある考え方は、平たく言えば素朴実在論にもとづいている。それは、コンピュータの数理的アルゴリズムにもとづいて、世界（宇宙）のなかの対象事物（即自的存在）に直接アクセスでき、人工的に知性を実現できる、というものだ。そこでは、世界（宇宙）を観察・記述している視点自体が問われることはない。あたかも天上から俯瞰するように、客観的に存在する万象の属性やしたがうルールが透明に把握でき、その知的分析能力を、原理上はそのままコンピュータに実装できると考えられているのである。

とくにシンギュラリティ仮説では、脳の分析をもとに、「心」をもつ強いＡＩが実現できるとされている。ここでいう心とは、人間の生物的能力に限定されているというより、むしろ人間より高い、絶対的真理に迫る普遍的な能力が含意されているのだ。しかし、素朴実在論を相関主義的な近代哲学が徹底的に批判したことは、すでに述べたとおりである。観察している人間を括弧にいれて、安易に客観世界を想定してはならない。近代哲学の見地からすれば、心をもつという強いＡＩ実現の困難性は、実は素朴実在論のもつ欠陥から発しているということになるだろう。

ゆえに、強いＡＩの信奉者は思弁的実在論に期待したくなるはずだ。それは、相関主義哲学を克服し、数理的アプローチを介して即自的存在にアクセスできると見なす新たな現代哲学だからである。もともと、メイヤスーの思弁的実在論の目的の一つは、暗に素朴実在論にもとづいている現代の物質的な科学技術の営みを理論的に支えることだったと考えられる。そして人間の生活や社会と密接に関わるＡＩでは、通常の物質科学技術よりも、問題点がいっそう鮮明なかたちで浮き彫りにされてしまうのである。

しかし、前章の末尾で示したように、残念ながら思弁的実在論は、楽天的なシンギュラリティ仮説を裏切ることがわかる。カーツワイルは、シンギュラリティによって人間社会に幸福がもたらされると述べているが、メイヤスーは、情報社会では人間が過度に情報（流動）を受け入れることによって、悲劇的に「呆けてしまう」危険を警告するのだ。

メイヤスーのこの警告を、基礎情報学的な観点から眺めてみよう。むろん、思弁的実在論と基礎情報学は概念構成がまったく異なるので、単なる比喩の域をこえない面もあるが、それなりの説明ができないわけではない。

思弁的実在論においては、あらゆる物質が相互に「流動」によって結ばれている。この流動の一部が、生命体のなかでは選別されて生命情報に転化される。とくに人間においては、社会情報としてコミュニケーションを形成すると考えられる。ここで、社会情報の一部が記号化され、表面上は意味が捨象されて、シャノンの情報理論であつかわれる機械情報を形成する。情報技術の高度化によって、デジタルな記号情報（意味を捨象された機械情報）の量が圧倒的に増えてくると、われわれはそれらを生存のために適切に意味づけ、内的秩序を保つことができなくなってしまうのだ。インターネットには多種多様な記号情報があふれているが、若者たちが視野を広げてそれらにアクセスすることなく、自分と同じ意見の仲間同士のコミュニケーションだけに逃避しがちなのも、広大な開放（能動的生成）を避け、狭隘な限定（反動的生成）によって内的秩序を保とうとする、本能的な行動なのかもしれない。したがって、ＡＩによってビッグデータが機械的に処理され、発信される情報量が桁違いに増えていくことは、思弁的実在論から見ると、ますますわれわれに悲劇をもたらすだけ、ということになるだろう。

したがって、素朴実在論を克服してＡＩの進路を哲学的に位置づけるには、思弁的実在論だけに頼ることはできない。むしろ、相関主義哲学のもとでＡＩをただしく捉え直すべきなのである。

現代の主流の哲学として、ハイデガーやヴィトゲンシュタインらの「強い相関主義」と、ニーチェやドゥルーズらの「主観主義的形而上学」があり、メイヤスーは両者を鋭く対立させることで、思弁的実在論の柱である事実論性原理を導いたことは前章で述べた通りである。これは犀利《さいり》な哲学的論証だが、一歩離れてみると、両者のあいだに「（世界の）観察者の主観の重視」、つまり反－客観主義という共通点があることは明らかである（この議論については、前章で示したMeillassoux 2012に簡潔にまとめられている）。素朴実在論における「客観主義イコール絶対主義」という前提からすれば、ともに反－絶対主義なのであり、両者を相関主義と呼べることになってしまう。

確かに主観主義的形而上学では、主観との相関項を「絶対」視するものの、この表面的矛盾はむしろ字義的な問題ではないだろうか。素朴実在論を克服するための大きな枠でくくれば、強い相関主義も主観主義的形而上学も、ともに相関主義哲学の分派と言える。物自体（即自的存在）へのアクセスについて、前者が後者より禁欲的だという違いがあるにすぎない。したがって、以下では、メイヤスーの用語法とは若干違うが、強弱の相関主義と主観主義的形而上学をまとめて「相関主義思想」と呼ぶことにしたい。

基礎情報学はネオ・サイバネティクスの一分野だが、ここで相関主義思想とネオ・サイバネティクスの考え方の類似性ないし共通点について今一度確認しておこう。むろん、両者の学問的出自はまったく異なる。前者はあくまでも哲学的議論であり、古代ギリシアに遡る古典的形而上学からカントによるコペルニクス的転回をへて一八世紀後半に誕生した。それは人間の理性に関する徹底的な省察にもとづいており、近代哲学はここから開花したと言っても過言ではない。だが、その後に目覚ましく発達した科学技術の大半は、必ずしも相関主義思想を十分に踏まえているとは言えないのである。

一方、後者のネオ・サイバネティクスは、二〇世紀の科学技術を母体として生まれた学問だが、少々変わった特徴をもつ。それは人間というより生物（生命体）と機械をめぐるシステム論であり、二〇世紀半ばに数学者ノーバート・ウィーナーによって「サイバネティクス」と命名された工学的な通信制御理論が出発点になっている。前述のように、古典的なサイバネティクスは生物の神経系を電子回路と同一視する「観察された（observed）システム論」だったが、二〇世紀後半には、物理学者ハインツ・フォン・フェルスターが「観察する（observing）システム論」という観点を主張し、

ハインツ・フォン・フェルスター

ネオ・サイバネティクスが誕生した。生物は環境世界を観察し、その身体活動にともなって内部世界を構成していく自律的存在なのである。

ここで、他律的に作動ルールを定められる機械との決定的な相違が明らかになる。生物学者フォン・ユクスキュルの環世界論が示すように、生物はそれぞれ主観的な世界に住んでいるのであり、これは人間でも変わりはない。人間は社会的な生物だから、コミュニケーションによって間主観的な世界を構成するが、それはせいぜい疑似的な客観性しか持ちえないのである。いかに科学的な実証手続きをふまえたとしても、世界（宇宙）像が人間の主観から発していることに疑いはない。基礎情報学が依拠するオートポイエーシス（自己創出）理論も、こういうネオ・サイバネティカルな考え方を前提としている。心的システムや社会システムなどが「閉鎖系」だというのは、観察者の視点の問題であり、相関主義思想と軌を一にする考え方なのだ。

このようにネオ・サイバネティクスは、現代科学技術から発しているにもかかわらず、相関主義思想と共通点をもつのである。

祖先以前的言明という物語

ここで、基礎情報学的な観点をふまえて、メイヤスーの思弁的実在論をいま一度とらえ直してみよう。そこで絶対視されているのは「事実」だが、すでにふれたように、いったい誰がその「事実」を観察し記述しているのかは、思弁的実在論において明確に議論されていない。「事実」と呼ばれる記述が絶対的に正しく、主観的な誤謬を含まないという保証ないし根拠はどこにあるのか。それは、科学技術における理論と実証から得られるというのだろうか。

メイヤスーは、相関主義を批判するにあたって、「祖先以前的言明」から議論を始めている。すでにふれたように、この言明は、宇宙の起源、地球の形成、生命の誕生といった、人間が誕生する以前の過去の事象に関する記述である。「地球が四五億六〇〇〇万年前に生まれた」といった記述は、カント以前のデカルトなどの哲学からすれば、まさに実在のもの（即自的存在）を指示対象とする言明に他ならない。これは素朴実在論と同様である。しかし、厳密な相関主義者からすれば、これは違法な仮説ということになる。なぜなら、地球誕生という事象を目撃している観察者（人間）などいないからである（Meillassoux 2006a, ch. 1）。

相関主義者の議論に則るならば、まず、「現在の科学者たちの共同体は、地球の形成がX年代に起こった人類の出現に先立っていたと考えるに足る客観的な理由をもっている」（ibid., p. 33／三二頁）という解釈がなされなくてはならない。科学者共同体のメンバーが、地球誕生についての言明を検証できることが「真理」を保証することになるからである。

つまり、相関主義者によれば、「地球が四五億六〇〇〇万年前に生まれた」という言明は、あくまでも科学者によって検証可能で客観的なものであるというだけの意味において「真理」なのである。なぜなら、われわれは人間として、観察者の視点を通じて世界（宇宙）にアクセスしているのであり、即自的存在（物自体）を直接認識することはできないからだ。したがって、この論理にしたがえば、たとえ真理だとしても「その言明の指示対象が、その真理が記述するようなしかたで実際に存在しえたということはありえない」（ibid., p. 35／三四頁）ということになってしまう。これをメイヤスーは「常軌を逸した」考え方であり「無意味」だときびしく批判する。そして、相関主義者に向かって次のように断言するのである――「祖先以前的言明は、実在論的な意味をもつ。それはただ実在論的な意味しかもたないか、そうでなければ意味をもたないかのどちらかなのだ」(ibid., pp. 35-36/三五頁)と。この二者択一を引き受けない限り、われわれは結局、地球ができてからたった六〇〇〇年しか経っていないと主張する、あのキリスト教創造論者と変わりなくなってしまうではないか、というわけだ。

メイヤスーの問題意識は明確である。祖先以前的言明は数学的形式にしたがって経験科学によって作られている。それは人間のいない世界の、人間との相関がありえない事象についてのものだ。いったいなぜ、そういう記述が可能となるのか。それは物証にもとづいて作られるが、その経験を数学的な言説によって解明可能なものとするのは何なのかと、メイヤスーは問いかけるのだ。われわれは「いかなる条件において、近現代の科学における祖先以前的言明を正当化できるのか」(ibid., p. 49/五〇頁)という問いに答えなくてはならない。こういう問題意識に発し、「私たちがいようがいまいが存在するもの(即自的存在)」を知るための議論が展開されることになる。これが思弁的実在論なのである。

現代科学技術の哲学的基礎を明確にしようという思弁的実在論の意図は十分理解できる。また、相関主義哲学の開祖であるカントの超越論的議論にたいし、祖先以前的言明を持ち出して有効性の限界を明らかにするというメイヤスーの論法は、専門的哲学者からは異論が出るかもしれないが、論理的には分からないわけでもない。しかし、基礎情報学的には、率直にいって首をかしげたくなる点も多いのである。とりわけ、数学的に表される自然科学的な仮説の形成が、即自的存在を直接指示対象としてあたかも人間の介在なしのごとくにおこなわれ、それを「事実」と見なすというのなら、その議論は、実際に科学技術研究の現場にいた人間からすると、承服しがたいものだ。

現代科学における仮説とは、むしろ人間臭い営みであり、その意味では、昔からさまざまに語られてきた神話と同じく、世界（宇宙）についての「物語」の一種に他ならない。舞台が人間誕生以前の大昔だろうと、はるかな未来だろうと、どこか遠い宇宙の果てだろうと、基本的には同じことである。では、なぜそれらが物語ではなく、あたかも「事実」であるかのように語られるかと言えば、そのほうが権威的で信憑性が高い印象を与えるからだ。したがって、地球誕生という祖先以前的言明を述べるなら、「地学関連の学会で近年広く認められている仮説では、地球は四五億六〇〇〇万年前に生まれたと言われる」という相関主義的な表現のほうが正確であり、望ましいのである。面倒なので、しばしばそういう前提条件を省略するだけのことだ。これは、まともな研究者なら知悉しているはずの事柄である。

むろん、現代科学の仮説は、勝手な空想物語とは異なる。厳密な方法で得られた測定データと広く認定されている理論モデルの両者にもとづいて仮説が形成され、その内容は公開されて検証の対象になる。間主観的で厳正な手続きでえられる現代科学の精緻な仮説は、その客観性のレベルにおいて、過去のいかなる物語にも勝るだろう。とはいえ、物語の一種であることに変わりはない。だからこそ、次々に誤りが指摘され、内容が塗り替えられていくのである。

およそ、科学的仮説が一〇〇年前から不変などという例があるだろうか。たとえば、宇宙誕生については、（メイヤスーは一三五億年前と言っているが）一時は一五〇億年前と言われていたし、その後一三〇億年前とか一三八億年前とかいう仮説が有力になったと聞く。一〇億年くらい、すぐに修正されてしまうのだ。また、メイヤスーは地球上の生命誕生は三五億年前という数字をあげているが、これは少々古いだろう。三八億年前とか四〇億年前という数字のほうが最近は有力なようだ。

いったいなぜ仮説は頻繁に書き換えられるのだろうか。新データの発見は大きな理由だが、それだけが要因ではない。測定データは測定用の器具と人手を介した作業から得られるが、その背後には理論モデルがある。だが、測定誤差は必ず生じるし、器具の構造や精度にも左右される。また、数学的な理論モデルも多くの仮定を含んでおり、決して恒常的なものでないことは、いわゆるパラダイム理論[1]が教えるところだ。

さらにメイヤスーは数学をあたかも恒常的な論理体系のように見なしているが、もともと数学とは天下りの永遠不変な体系ではない。二〇世紀の初めには、数学者のダーフィット・ヒルベルトが数学を無矛盾の記号的論理体系にする計画をたてたが、これがゲーデルの不完全性定理によって否定されたことはよく知られている。数学とは数をあつかう知だが、太古には数をかぞえるための正整数しかなかった。やがて計算の便宜上、ゼロや負数が出現し、有理数や無理数を含む実数、さらに虚数を含む複素数へと発展してきたのだが、これはわれわれ人間の生活上の必要性とも結びついている。古典力学の世界（宇宙）を記述するには実数が不可欠だし、量子論のシュレディンガー方程式を解くには複素数が必要である。表面上は恒常的・抽象的に記述されるものの、数学は実は、身体をもつ人間の生活や世界（宇宙）観と一体化した歴史的・現実的な知と言える面も大きいのだ。

以上のように、現代の科学技術的な知も、厳密には相関主義思想にもとづくものだと言わざるをえない。それは研究や開発のプロセスから試行錯誤的に生み出される社会的な産物である。基本的には個々人の脳の産物だとしても、それが討論や検証といった相互コミュニケーションを通じて、間主観的に、徐々に社会的な客観性を獲得していくのである。このプロセスは、基礎情報学の階層的モデルで問題なく説明できるものだ。

したがって、ＡＩだけでなく現代の科学技術の哲学的根拠を明確にするためには、思弁的実在論よりむしろ、相関主義思想と類縁関係にあるネオ・サイバネティクスに依拠すべきだという気がしてこないだろうか。

2　自由意思と責任のゆくえ

機械的時間と生命的時間

誤解をとくために断っておこう。前節で、思弁的実在論の企図に関して疑義を呈したが、本書は決してその価値を全面的に否定するものではない。確かに思弁的実在論にもとづいて、「人間を超える絶対知の獲得」をそのまま基礎づけることはできそうにない。また、科学研究の現実から見て、科学的言明から相関主義的側面を払拭することなど不可能だろう。しかし、メイヤスーの思弁的実在論は、その精緻な論証のプロセスで、さまざまな鋭い洞察をおこない、われわれが漠然と持っている世界（宇宙）観に根本的な省察をうながす。とくにＡＩと人間をめぐる時間論は、ネオ・サイバネティクスにとってきわめて有用な実践的知見を明らかにする。この点で、思弁的実在論とネオ・サイバネティクスは共鳴しているのである。本節では以下、これについて述べていきたい。

思弁的実在論において最も衝撃的な主張は、すでに強調した通り、世界（宇宙）におけるあらゆる事象の発生に必然性などなく、すべては偶然に生起する、というものである。これは、一般人からすると特に不思議なことではないだろう。人生においては事前の計算や想定をこえた出来事が頻繁に起こるからだ。

とはいえ、近代的な知性からすると、これは納得できない考え方のはずである。世界（宇宙）を数理的な理論モデルでとらえ、その計算やシミュレーションにしたがって決定論的ないし確率論的にさまざまな事象が現れると予測し、合理的に対処するのが、近代的な知の主要目的だといっても過言でない。中でも最も信頼されているのが、自然科学的な世界（宇宙）像であり、未知の謎はたくさんあるにせよ、科学的な謎解きによって恒常的な法則が見いだせるはずだと考えられている。工学や人文社会科学の分野では、試行錯誤的な経験則という傾向があるが、それでも自然科学に準じた考え方で実証的に理論モデルが追求されている。当然ながら、ＡＩもそういう近代知の一翼を担っているのである。

以上のような近代的理論モデルが扱うことのできる不確定さは、メイヤスーの用語でいえば「運(hasard)」であり、「偶然性（contingence)」とは異なる。つまり、それらは「潜勢力（potentialité)」に対応しており、理論モデルから計算された数学的な確率にもとづいて事象が発生するという予測が立てられるのである。ある新商品がどれくらい売れるかといった身近な予測だけでなく、星の誕生だの、彗星との衝突だのといった宇宙的スケールの出来事についてもまったく同様である。

　しかし、前述のように、メイヤスーのいう「偶然に生起する事象」はまったく異なり、「潜在性(virtualité)」から得られるものだ。つまり、その事象が生起する蓋然性を計算することは不可能だという不可知性と直結しているのである。なぜなら、理論モデルが前提としているのは恒常的法則だが、そんなものは存在しないというのが思弁的実在論の主張であり、そこから潜在性が出現するからである。一瞬先にも法則自体が変化するとき、当然ながら理論モデルなどは役に立たない。

　世界（宇宙）に恒常的法則などないという議論に対しては、科学者・技術者から強い反対の声があがるかもしれない。実際、経験的に見て、自然法則は安定して成立しているではないか。しかし、それらが太古から絶対不変であり、未来永劫に成り立つという根拠はどこにもない。自然界に恒常的法則など存在しない、というメイヤスーの議論を論理的に反駁することは困難なのである。

　さらに、たとえ自然界に恒常的法則が存在すると仮定しても、相関主義思想からすれば、科学者仲間で認められている現時点での仮説にもとづく法則がその恒常的法則と一致しているという保証はない。自然界をつかさどる恒常的法則の探究は、科学者にとって永遠の宿題なのである。さらに、自然科学分野ではなく人文社会科学分野では、諸学説にもとづく理論モデルの客観性・普遍性にたいする信頼感はさらに低くなる。ある事象の生起をつかさどるルールが時間（時代）とともに変化するという主張への反論はいっそう難しくなるだろう。したがって、一瞬先に何が起きるかは分からないという思弁的実在論の主張は、われわれの直感とも完全に一致しているのである。

未来の不可知性に対して、人間をふくむ生命体はいかに対処しているのだろうか。ここで、基礎情報学の基盤であるオートポイエーシス（自己創出）理論についてふれておく必要がある。周知のように、オートポイエティック・システムは、生命体のモデルであり、細胞や心などがモデル化されるが、ルーマンらによって社会システムにも応用されている。その特徴は、システムの構成素が構成素を自己準拠的に、つまり再帰的に産出する閉鎖系であることだ。

この特徴からしばしば、オートポイエティック・システムは過去の記憶や自分自身のなかに閉じ込められており、新たな状況に対処したり創発的活動をしたりすることが難しいと言われる（たとえばキャサリン・ヘイルズによるHayles 1999およびHayles 2005を参照）。だが、この指摘は正確ではない。オートポイエティック・システムは周囲環境と構造的カップリングをしながら、つまり、常に刺激（直接の入力ではない）を受けながら身体的な作動を続けている。それが「生きている」ということだ。したがって、周囲環境が変動すると、何とかそれに対応し、自らの作動を変えて対処しようとする。そのことが、あえて言えば創発的活動に他ならないのである。要するに、「閉鎖系」とは自分のなかに閉じこもっているという意味ではなく、「自ら観察し自らに即した世界を構成しつつ生きている」、「他者はその世界を直接認知できない」という意味であり、観察者＝行為者の位置をしめす言葉なのだ。

では、周囲環境が突如、思いがけず激変したらどうなるか。生命体は自らの作動を変化させて、何とか対応しようと努めるだろう。生命体は過去の記憶にもとづいて「運＝潜勢力」による変化に対処することもできるが、それだけではない。生命体はリアルタイムで現在を刻々と生きており、不可知の「偶然性＝潜在性」から生起する未知の出来事にも、全力で対処して生き抜こうと努める。もし失敗したらどうなるか——死滅するだけのことである（個体としても遺伝子としても）。

だから、現に「生きている」こと、まさにそのことこそ、生命体が予測不能な未来を切り開く能力を持っていることの証左に他ならない。

オートポイエーシスとは、以上のような生命体の特質を表す理論的概念である。生命体の作動のありさまを眺めると、生命体は自分で自分の作動ルールを創りあげながら生きており、したがってコンピュータのような他律系（heteronomous system）ではなく、自律系（autonomous system）である。周囲環境が変化して作動ルールを変更する必要が生じるとしても、生命体にはいかに変更するかというメタ・ルール（高次元のルール）が予め与えられているわけではない。ルール変更の仕方は（生命体自体にとってさえ）不明であり、新作動ルールがどうなるかは誰にも分からない。そして、この点が、未来の不可知性のもとで存続すべく自己を変容させていくという生命体の特質と関連しているのだ。オートポイエティック・システムの作動を数理的に記述できないのは、このためである。

一方、再三くりかえしているが、ＡＩをふくめコンピュータに代表されるあらゆる機械は、その作動の仕方が予め人間によって設計され、事前に与えられている他律系である（故障して設計通り動かない機械は廃品であり、もはや機械ではない）。これは、周囲環境からの入力に応じて作動ルールを変更する、いわゆる学習機械でもまったく変わりはない。なぜなら学習機械には、ルール変更の仕方をさだめるメタ・ルールが与えられているからである。このことは、いかなる機械も真の自律性をもたないということを示している。質問に応じて柔軟に返答するロボットのような学習機械を自律機械と呼ぶのは誤りであり、実はこれは「適応（adaptive）機械」にすぎない。

自律系とは、その作動ルールを正確に知ることができず、たかだか過去の作動の様子から推測するほかない、という不可知性を内包するシステムである。それが生命体に他ならない。深層学習などの機能をもつコンピュータの作動は、設計者でも分かりにくいが、原理的には分析可能である。ところで他方、生命体の作動は、自己準拠がもたらす習慣性から推測はできるが、正確な分析は原理的に不可能なのである。

以上の議論はすでに述べた通りだが、このことは「生命体と機械ではそこで流れている時間が異なる」ととらえ直すことができる。機械の作動に関わる時間は、過去の時点でいわば空間的・分析的に把握され登録されており、したがって機械は迅速に効率よく作動することができる。だが、対処できる不確定事象は潜勢力的（確率的）な出来事だけだ。これにたいして生命体は、リアルタイムで未来に向かっていく現在の時間の流れの中で生きている。それゆえ、効率は悪くても、潜勢力的のみならず潜在性的な未知の出来事にも現時点で何とか対処できるのである。具体的に言うと、たとえば過去のビッグデータを記憶して作動しているＡＩは、周囲環境が安定していれば非常に有用だが、大きな環境変動が起きると過去に引きずられて不適切な出力をもたらすのである。

脳決定論で免責できるか

時間についての生命体（人間）と機械（ＡＩ）の差異を念頭において、ＡＩと自由意思や責任の問題について考えていこう。ＡＩが人間のかかわりに病名診断や投資決定、さらに従業員採用判定など、さまざまな社会的決断をおこなうことは今後頻出するだろうが、その結果についての責任はどうなるのだろうか。これは今や喫緊の課題である。

検討する準備として、ここで別の問いかけをしてみよう。「いったいわれわれ人間は本当に自由意思をもって思考し行動しているのか？」――当然そうだ、というのが常識だが、神経科学者（脳科学者）からは次のような異論が出てくるかもしれない。「人間の心は脳によって制御されており、脳は複雑な生化学反応のシステム以外ではない。とすれば、われわれは自由意思をもっていると信じているだけで、本当はそんなものは存在しないのだ。われわれの思考や行動はすべて脳の状態と因果律によって決定されているのだから」と。

すでに脳と心の関連については、本書でいろいろと述べてきた。ヴァレラも言うように、心が脳で決定されると決めつけるのは、観察者を無視した単純すぎる議論にすぎない。だがここでは、今かなり普及しつつあるこの神経科学者による議論が、人間だけでなくＡＩの社会的（法的）な責任概念とどう関わるのかを述べていこう。

近年の脳科学の進歩とともに、これまで倫理的行為主体である人間が当然もっているとされてきた自由意思、そしてそれに付随する責任概念は危機にさらされている。人間の思考や行動はすべて脳内の状態によって決定されるという「脳決定論（神経生物学決定論）」は、今や多くの神経科学者によって強く支持されている。

では、もし残酷な殺人を犯した人物の行動が脳の生化学反応のもたらした結果だとすれば、その人物を罰することは正当だろうか。一般に、人間が自分の心（意識）にもとづいて自己決定したのではなく何かに操縦されたとすれば、その行動の責任を問うことは難しくなる。そして実際、米国ジョージア州の裁判ではすでに、ピザハウスで罪のない店長を殺した強盗犯にたいし、脳決定論にもとづく弁護活動がおこなわれた（Sternberg 2010, Ch. 1）。近いうちに、脳決定論は心神喪失や心神耗弱につづく、免責議論の科学的根拠となるかもしれない。免責せよ、という脳科学専門家の意見に、はたして反論できるだろうか……。

神経科学者による脳決定論、つまり「自由意思不在論」にたいして、前章の議論にもとづいて反駁することは可能である。脳決定論は哲学的には、世界（宇宙）のすべての事象の背後に理由があり因果律にしたがって必然的に生起する、というライプニッツの充足理由律の一部に他ならない。かつて古典力学全盛時代には、「ラプラスの悪魔」（宇宙のすべての微粒子の状態を知り、運動方程式を解いて未来を完全に予知できる存在）といった説も唱えられた。だが、今やラプラスの悪魔などを信じている科学者はいない。徹底的に因果律を信じるなら、すべての事象には事前にそれを引き起こした別の事象があるはずで、因果の鎖を順次たどっていけば究極の原因となる存在に行きつくはずだが、そんな究極存在はすでに相関主義哲学によって否定されてしまった。思弁的実在論によれば逆に、世界（宇宙）は絶対的な非理由律のもとにあり、万象は偶然に生起しうる。とすれば、完全な脳決定論はおそらく、単純な素朴実在論を前提とした、神経科学者の傲慢な思い込みということになってしまうだろう。

ただし、ここで注意が肝心である。思弁的実在論は恒常的・絶対的な法則を否定するにせよ、一時的・局所的には必ずしも因果律にもとづく事象の生起まで否定するわけではないのである。これを全面否定すれば、科学研究など成立しなくなってしまう。

すでに述べたように、自然法則が長期間にわたって安定して成立することは当然ありうる。脳の一部において、神経科学者が発見した法則にもとづいて事象が発生していることは実証的に確かめられているのだ。脳で起こるそれらの生化学的な諸事象が意識（心）のありさまに因果的に影響をあたえている事実を否定することはできない。相関主義思想に近いネオ・サイバネティクスの観点からも、現時点での科学的仮説は尊重すべきなのである。

だが、ここで問われるべき問題は、神経科学者によって分析された生化学的な事象と関連する因果関係が、人間のいわゆる自由意思、とくに倫理的判断を完全に決定しているか否か、ということだ。倫理的判断は通常、高度で複雑な思考プロセスからなっている。親友の悪事を警察に通告すべきか、といった問題を想定すればすぐわかるだろう。脳の生化学的反応は、そういった判断において基礎的な部分で影響している（必要条件である）ことは確かでも、倫理的判断のプロセスを完全に説明する十分条件を与えているとはとても思えない。

実際、この種の理由で脳決定論に異論をとなえる神経科学の専門家もいる。エリエザー・スタンバーグはその一人であり、著書『〈わたし〉は脳に操られているのか』において、「思索的内省」のはたらきを強調している。すなわち、「私たちの意思決定方法はアルゴリズムではなく、経験の蓄えられた内面世界を意識的に旅して、発見するさまざまな考えやつながりについて思案したり、考え直したりすることによって行なわれる」（ibid.／二四一頁）と主張するのである。ここで、スタンバーグが「思索的内省」という言葉で、外部からではなく内部からの観察者の視点を提起していることは注目に値する。

さらに、スタンバーグは人間が問題を解決するときの「無限の開放性」にも言及する。人間が具体的な場面で倫理的判断をおこなうとき、注目すべきなのは、問題を決まったやり方で解決する枠組みがなく、「限りのない問題」と取り組まなくてはならないという点なのだ。多くの倫理的問題には、解決のアルゴリズム（算法手順）など予め存在しないとスタンバーグは主張する（AIに詳しい読者なら、ここでただちにあの「フレーム問題」を想起するだろう。コンピュータには問題解決の枠組み（フレーム）をつくるのが難しいという点は、AIに人間のような判断ができない大きな原因とされてきた）。

エリエザー・スタンバーグ

そしてスタンバーグは、人間の倫理的判断における「創発」に着目する。「道徳的行為主体としての私たちは行動を意識的にコントロールできて、この行為主体性はどういうわけか脳内のニューロンの相互作用から決定していないかたちで創発する」（ibid.／二六七頁）とスタンバーグは言い切る。こうして、神経科学の成果を尊重しつつも、脳決定論に抗して人間の意識的な自由意思を擁護しようとするのだ。

ここで、「創発」という事象が、流れゆくリアルタイムの現在に生きている生命体にしか起きないこと、過去のデータをアルゴリズムにもとづいて処理している機械には困難なことを、いま一度強調しておこう。もし自由意思が流れゆく時間と不可分なら、それは現在に生きている人間（生命体）にゆるされるものとなりうる。一方、もっぱら過去に依存しているＡＩ（機械）には自由意思は持てない、ということになるだろう。

ＡＩロボットに選択肢はあるか

以上の議論にもとづくと、いかなる誤判断や罪悪を犯しても、人間には責任は問えるが、ＡＩには問えない、という常識的な結論になりそうだ。しかし、そうはいかない。問題はいっそう複雑なのである。ここで行為者のとるべき責任についての、別の見解を示しておきたい。そこからＡＩの責任について異なる展望がひらけるからである。

別の見解とは、行為者の内面的な自由意思という難問はいったん括弧に入れ、外部から見たときの行為者の選択の自由の有無を責任概念と結び付けようというものだ。端的にいうと、行為者が他の選択をおこなうことが可能なのに、ある選択を実行して誤判断をしたとき、その責任を問う、というものである。もしその選択肢しかなければ責任を逃れることができる。この考え方にもとづくと、表面上、脳決定論と自由意思を両立できることから、「両立論」と呼ばれる。

両立論においては、行為者の自由意思は、意識（心）から切り離され、選択肢の有無と直結する。このとき、脳決定論と責任や社会的自由の通念とは共存するので、神経科学者はこちらを支持することが多いと言われる（Sternberg 2010, Ch. 3）。

両立論は、直感的にはわかりにくい議論である。ピザハウスで店長を射殺した強盗犯に他の選択肢はあったのだろうか。他の選択肢が「ない」というのが、脳決定論のはずである。こう考えると、問題は解決していないような気もしてくる。
だが、両立論を一種の便宜的議論と位置づけることはできるだろう。神経科学者にとっても、脳のメカニズムは大部分がまだ謎に包まれているし、一方で殺人者が脳決定論でつねに無罪放免となると社会不安がおきてしまう。脳決定論の原理を信じて予算を獲得し研究を続けながらも、市民として安心して暮らしていきたいというわけだ。しかし、実はそこからＡＩについて大きな問題が発生してくる。まず、次の例を通じて両立論をより深く眺めてみよう。

壊れやすい高価な骨董品をのせた軽トラックが、狭い街路を走っている。突然、運転手の目の前に、可愛らしいペットの子犬が飛び出してきた。飼い主の手からリードが外れたのだ。運転手は急ブレーキをかけようとしたが、一瞬、もしそうして荷台の箱が倒れ、骨董品が損傷すれば大変なことになるという予感がよぎって躊躇した。ブレーキを踏むのが遅れ、子犬は轢かれて死亡した。飼い主は怒って訴えると言う。ところが、警察が軽トラックを調べたところ、運転手は知らなかったのだが、実は軽トラックのブレーキはもともと利きが悪く、ブレーキペダルを踏んでもすぐに停止できなかったのだ。このとき、運転手に子犬を轢殺した責任はあるのか？

運転手は自らの意思にしたがって急ブレーキを踏まなかった。しかし、客観的に見ると、運転手には急ブレーキで軽トラックを止めることは不可能であり、子犬を轢殺するという選択肢しかなかったのである。とすれば、（軽トラックの整備不十分といった事情をぬきにすると）運転手にはまったく子犬轢殺の責任はない、というのが両立論から導かれる結論となる。運転手は良心の呵責をおぼえるかもしれないが、ともかく法的賠償はしなくてすむだろう。

要するに、両立論では行為者の選択肢の有無に応じて責任を問うことになるのだが、ここでの問題は、「選択肢の有無」を誰が判断するのか、ということである。

ピザハウスの店長を射殺した強盗殺人犯には、ピストルの引き金をひかないという選択肢があったと、陪審員たちは判断した（実際、犯人は死刑になった）。しかし、もし多くの陪審員が熱烈な脳決定論者だったら、犯人には引き金をひくという選択肢しかなかったと判断するかもしれない。すると、この犯人は減刑どころか無罪放免された可能性がある。選択肢の有無を判断するのは、両立論の場合、行為者本人ではない誰かなのだが、その判断が人によって多様に分かれるなら、ある行為にたいする責任は客観性を失ってしまう。そして、この問題は、ＡＩロボットが選択肢をもつか否かという問いに関わってくるのだ。

ＡＩロボットの内部に注目すると、たとえ学習機械でいかに自律的に思考しているように見えたとしても、そこにあるのは過去に設計者が入力したプログラムだけである。つまりＡＩロボットは、事前に入力されたアルゴリズムにしたがって作動する完全な他律システムであるから、そこに選択の自由度（自由意思）など存在しない。したがって、ＡＩロボットがあたかも「自主的な判断」をしてその結果、甚大な損害を与えたように見えたとしても、責任を問うことなどできるはずもない。責任を負うべきなのは、プログラムを設計し開発した担当者やこれを販売した企業経営者などである。

しかし、外部にいるユーザから眺めると、ＡＩロボットが選択肢をもっていると判断するかもしれない。とくにAIとネットで会話しているユーザにとっては、相手が人間なのか機械なのかを判断することが困難になり、AIからの指示で投資判断を誤って大きな損害を被った、責任をとれ、と主張する可能性もある。これは無知に起因する誤解ではあるが、クラウドAIネットが普及する近未来社会では、深刻な問題になる恐れがある。

生命体と機械の区別が議論になるとき、「会話中に、相手が人間かどうか、自律的に思考しているかどうかなど、いったい分かるのか?」という問いがしばしば出現する（例のチューリングテストと関連する質問だ）。常識的な区別はできるものの、今後ますます境界線がぼやけていく恐れもある。

両者の同質性を説く理論的な根拠としては、おもに次の二つがあげられる。(1)「人間も機械も自然科学的なルールにもとづいて作動している物質的存在であり、両者を区別することは非科学的である」（一神教的論理）、(2)「万物には霊魂が宿っており、機械とのコミュニケーションも不可能とは言えない」（アニミズム的論理）。

さて、(1)は脳決定論ともつながっているが、すでに本書でその理論的な不備を繰り返し指摘してきた。また仮にこの根拠を認めるとしても、因果律のもとで自由意思の基盤はゆらぎ、免責という方向に議論が進むので、責任問題はどこかに雲散霧消してしまう。問題は(2)である。これは論理的というより感情的な議論であり、たとえば高齢者が介護ロボットの助言のせいで怪我をし、「あのロボットを信じていたのに、裏切られた」と怒るとき、これを論理的に説得することは難しい。社会的責任は人々の合意によってボトムアップで形成される面もあるから、事態の収拾は難しくなる。ばらばらな議論を放置すれば、AIのおこなう判断について選択肢の有無が曖昧になり、その責任をめぐって社会的混乱が起きるだろう。

すなわち、両立論にもとづくなら、ＡＩの普及とともにその統一的な責任概念が不明確になり、種々の矛盾が出現してくる。したがって、仮に両立論を採用するにしても、自律系と他律系の相違をふまえて問題の構造を明確に把握し、きちんと整理しなくてはならない。

暫定的閉鎖系（ＳＥＨＳ）における責任

ＡＩが普及する近未来の情報社会における責任問題を、基礎情報学のＨＡＣＳ（階層的自律コミュニケーション・システム）モデルを用いて分析してみよう。前述のようにそこでは、上位の社会システムの制約を受けながら、人々の心的システムが下位にあり、それぞれの機能を果たしている（多階層モデルの場合は、社会システムの下位にさらに社会システムがある）。社会システムと同じく、心的システムは本来自律システムだが、社会システムの観点からは、制約を守りながら機能を果たしているので、それらが他律システムのようにも見える。たとえば、企業という社会システムにおいて、社員がそれぞれ一定の職務を実行しているありさまは、ある意味では、ビルのなかでエレベータのような自動機械が作動しているのと同様なのだ。

社会システムの作動のせいで何らかの問題が発生し、それに付随して責任が問われるとしよう。企業のなかで社員はそれぞれ所与の機能を果たしているので、ある社員がおこなった判断が原因で負の問題（社会的損失など）が発生したと社長が分析したとき、当社員は責任を問われることになる。ただし、もし当社員による判断が上司の命令など厳しい制約のもとでおこなわれ、選択肢がほかになかったという証拠があれば、当社員が責任を問われることはない。客観的に見てそんな制約がないとき、当社員が責任を問われる理由は、人間の心的システムが本来閉じた自律システムであり、ゆえに選択の自由を持っていると考えられるからだ。より正確にいえば、社長の心的システムにとって、当社員のリアルタイムの言動は（制約を守るかぎり）基本的には不可知であることが、責任を問う根拠になっているのである。

他方、もし負の問題が社員ではなくAIの判断で引き起こされたと社長が分析したとしよう。企業活動において、AIは他律システムとして種々の機能を果たしている。当然ながら、コンピュータは既存のアルゴリズムにもとづいて過去のデータを処理しているだけであり、AIといっても自由意思にもとづく選択肢など持たない他律系だから、これに責任を帰すのは見当違いである。あえて言えば、AIのアルゴリズム設計者やプログラム開発者が責任者ということになるだろう。

しかし、この分析はなかなか厄介である。ITの専門家でも、責任者の追及には二の足を踏むだろう。単純なプログラム・ミスなどの場合はともかくとして、アルゴリズムは抽象的な一般理論にもとづいており、根本的な欠陥を指摘するのは困難なことが多い。また一方、具体的なAIプログラムの作動はデータに依存するので、大きなプログラムになると、どこの論理操作が原因で望ましくない結果を導いたのか、容易に分からないのが普通である。第一章で述べた記号計算モデルのAIでもそういう事情があるが、さらに、第三次ブームのAIで実用化されたニューラルネット・モデルのAIになると、この分析はいっそう困難になる。ニューラルネット・モデルにもとづくプログラムの作動のトレースはきわめて面倒だ。深層学習によるパターン分類をふくめてAIが決断をくだしたとき、いったい誰が、どのように責任をとればよいのだろうか。

したがって、ＡＩがマイナスをもたらす元凶である場合、責任の所在は一般に曖昧にならざるを得ない。こうして社長は、「ＡＩは個人的感情など交えず公平に判断をくだしたのだから、仕方がなかったのだ」という責任回避の誘惑にかられるのである。

ＡＩに決断をまかせて人間が本来負うべき責任を回避するという問題は、ＡＩの利用において誰もが懸念することである。これについては、「ＡＩをめぐる倫理」といったテーマで検討が加えられなくてはならない。

そこで「ＡＩロボットに主体的な倫理的判断を実行させよ」という意見も出てくるだろうが、いうまでもなくこれは本来、アニミズムにもとづく誤解を招く表現である。人間と会話するＡＩロボットは、いかに疑似的自律性をもっているように見えても、過去のデータにもとづいて定型的な言語処理をしているだけの他律系であり、リアルタイムで主体的に倫理的判断をくだすことなどできはしない。[2]

今後の情報社会では、意図的にＡＩに決断させて人間が責任を回避するということだけでなく、さらに懸念されることがある。それは、ある問題の意思決定について、人間とＡＩの処理が複雑微妙に入り組んで、どこまでが人間の判断で、どこまでがＡＩの判断なのか、切り分けが非常に困難になるということだ。

第一章で、社会システムのコミュニケーション発生のプロセスにＡＩが細かく介入し、それが暫定的閉鎖系（ＳＥＨＳ）になることについて述べた。ケリーが予測するように、近未来には、さまざまな機能をもつＡＩが集まってインターネット上でクラウドＡＩネットを形成し、ユーザの多様な質問に答えたり、助言を与えたりするようになるだろう。このとき、政策決定にせよ、経営判断にせよ、病名診断にせよ、投資相談にせよ、およそあらゆる問題解決において、人間とＡＩが協力してインタラクティヴに情報交換をおこない、結論にたどりつく、ということになるはずである。すると、何かしら被害や損害が生じた場合、その責任の所在は茫漠とひろがって、特定することが非常に難しくなると予想される。つまり、「責任」という概念そのものが曖昧になり崩壊する恐れがあるのだ。

　これは深刻な問題である。

　むろん、だからといって、クラウドＡＩネットを否定せよ、というつもりはない。ケリーが述べるように、それは人間をしのぐ知を実現するという理想をめざしており、事実、これまで分析されなかった種々のビッグデータをＩｏＴ技術で収集し、適切なアルゴリズムで処理することによって、社会全体にプラスの効果がもたらされる余地は十分にある。たとえば自動運転車は、高齢ドライバーより安全な運転ができるかもしれない。そういう人知の増幅（ＩＡ／Intelligence Amplification）に反対する理由など存在しないだろう。遅かれ早かれ、クラウドＡＩネットは普及していくはずだ。しかしその一方で、トランス・ヒューマニストが喧伝する「人知を超える絶対知」の正体を見極めないまま機械の判断を盲信するなら、われわれの近未来文明は確実に破滅に向かうのではないか。

　とくにこの過程で、せっかくのＡＩが一部の人々の支配欲を満たすために利用され、しかもマイナス効果は不問に付されるという無責任体制がもたらされる懸念は、どうしてもぬぐえないのである。たとえば、ＡＩが人種差別の隠れ蓑として利用される恐れもある。「黒人は犯罪をおかしやすい」と明示的には言えなくても、深層学習の分析で「犯罪者のなかには肌が黒く鼻の平たい顔の人間が多い」という結果が得られれば、治安当局が「機械は公平に分析した」と言って予防措置をとることはあるかもしれない。効率よく人間を自動分類し、レッテルを貼る処理にともなう懸念はいくらでも考えられる。

一般論として、社会的判断の軽率な機械化は巨大なリスクをはらむものだ。そういう方向をめざす文化に根本的な歪みはないのか。そもそも、「普遍的な絶対知の体現としてのＡＩ」という発想はどこに由来するのだろうか――われわれ日本人には分かりにくいが、これは選民思想をルーツにもつ、非常に特殊な考え方に他ならない。甘ったるいアニミズムと経済的打算に囚われ、そういう文化的背景に無関心なまま技術開発のみに突っ走れば、本章で述べたような社会的難問を解決することなどできないだろう。次章では、こういった文化的背景について言及し、本書のまとめとしたい。

第五章

AIと一神教

1　救済／創造／ロゴス

トランス・ヒューマニズムの淵源

われわれ日本人が虚心にカーツワイルのシンギュラリティ仮説を読めば、十分に納得することはきわめて難しい。仮に、関連技術の指数関数的な能力向上にもとづくLOAR（収穫加速の法則）だの、AIが自らいっそう優秀なAIを作製する計画だのといった前提を信じたとしても、だからといって、わずか約三〇年後に機械が生きた人間より全面的にすぐれた知性を獲得することなどあるだろうか。法的判断や医療行為などをふくめ、大切な社会的決定を本当に機械にまかせてよいのか。さらには、マインド・アップローディング技術の活用によって個々の人間が不死になり、コンピュータ上で永遠に生き続けるなど、SFの世界以外にとてもありえない、というのが率直な実感だろう。

むろん、シンギュラリティ仮説に肯定的な人々はこの国でも少なくはない。だが、そういう人々は、AIをふくめたコンピュータ技術の内実についてあまりにも知識が乏しかったり、あるいは逆に、AIの専門家で心の底では疑問を感じても、シンギュラリティ仮説を支持したほうが好都合だと居直っていたりする場合が大半だ。科学技術の進歩にたいする手放しの楽観主義者は、この国にかぎらず世界中どこにでもいるのである。

ところが、欧米ではかなり事情がことなる。シンギュラリティ仮説を支持する言葉の奥に、瞠目するほど鋭い知性のきらめきが感じられることも少なくない。遅かれ早かれ、やがて人間より賢明な機械が出現するという期待ないし予感は、日本にくらべて、はるかに広く深く社会のなかに行き渡っている。トランス・ヒューマニズム（超人間主義）を受け入れる文化的土壌があるのだ。

だからこそかえって、軍事利用をはじめとするＡＩの未来発展について真剣な警告が発せられるのである。たとえカーツワイル流のシンギュラリティ仮説そのものには批判的であっても、ケリーのように、人間の能力をしのぐ汎用ＡＩの出現については、科学技術進歩の自然な帰結だという考え方も受け入れられやすい。これに正面から反対するのは、むしろ反知性的だという意見さえ珍しくないのである。

トランス・ヒューマニズムとＡＩは不可分ともいえるが、欧米のこういう進歩主義の背景にあるものを探るのが本章の目的である。端的に結論を先取りすれば、そこに一神教の思想があるのは間違いない。

では「一神教」とは何だろうか。唯一神といえば、太古にはエジプトの太陽神もあったようだし、ユダヤ教からはキリスト教とともにイスラム教という大宗教が分化した。これらの教義は互いにかなり異なるので簡単に一括りにはできない。だが、本書では、「古代ユダヤ教を核としたキリスト教思想」に焦点を絞ることにしよう。なぜならそれは、ＡＩの基本思想ともっとも関連が深いからである。

言うまでもないが、トランス・ヒューマニストがみな信心深いクリスチャンというわけではない。無神論者もいるだろう。また、ＡＩ研究者のなかには、たとえ日曜日には教会に行く習慣はあるとしても、伝統的な宗教からは距離をとり、近代科学思想を奉ずる者のほうがずっと多いはずだ。だが、科学史が教えるように、近代的科学思想そのものが数百年前のヨーロッパでキリスト教を踏まえて現れたのである。およそ欧米における最高級の思想は、意識的にせよ無意識的にせよ、キリスト教を基軸に展開されてきた。カントにはじまる相関主義哲学も、これを批判するメイヤスーの思弁的実在論も、実はそういうものなのである。

つまり、表に現れた教義うんぬんではなく、深層に流れるもののなかに、トランス・ヒューマニズムを懐胎させる水脈を探り当てなくてはならないのだ。さもないと、われわれには荒唐無稽に思えるシンギュラリティ仮説が、いったいなぜ一流の頭脳から出現するのかという謎を解くことはできない。その謎を解かなければ、われわれのＡＩ観は見当はずれのものになってしまうのである。

ここでとくに、コンピュータ科学とユダヤ系学者との強い結びつきについて付言しておく必要がある。フォン・ノイマンをはじめ、優秀なコンピュータ科学者のなかにはユダヤ系の人々が非常に多い。ＡＩ関連に限ってみても、人工知能の父といわれるマーヴィン・ミンスキーやジョン・マッカーシー、エキスパート・システムを考案したエドワード・ファイゲンバウムといった有名教授がユダヤ系なのは周知のとおりである。さらに現在でも、たくさんのユダヤ系学者が一流の大学や研究所に群がっていて、数えだすと際限がない。カーツワイル自身がユダヤ系であり、彼を雇ったグーグル社の創立者セルゲイ・ブリンとラリー・ペイジもユダヤの血を引いている。ブリンもペイジも、スタンフォード大学計算機科学科に学ぶ優秀な大学院生だった。

ユダヤ系の人々は全世界で二〇〇〇万人もいないが、そのなかの約六〇〇万人がアメリカ合衆国に住んでいる。これは同国の人口のわずか二パーセントにすぎないのに、彼らの学問、金融、芸術、メディア産業などにおける影響力は絶大だ。とくにニューヨークにはユダヤ系の知識人が集まっており、そこから世界中に情報を発信し続けている。このことは通俗的なユダヤ陰謀論などとは別次元の、正真正銘の事実であり、古来のユダヤ的思想の並外れたパワーと伝播力を物語っているのである。

宇宙創造と救済という神話

そもそも、キリスト教の母体となった古代ユダヤ教とはいかなる宗教だったのだろうか。旧約聖書をひもとくと、族長アブラハムに率いられた人々がカナンの地に移住したのがユダヤ人の歴史のはじまりだという。唯一神ヤハウェをいただく信仰共同体の誕生である。その後、エジプトへの移住、モーセによる出エジプトと十戒の授与といった大事件があったようだが、このあたりの詳細には神話と事実が入り混じっているのだろう。ただし、紀元前一一世紀末にダビデ王がユダヤ人の統一王朝を開いたことは確かである。

この古代イスラエル王国では、ソロモン王の栄華につづいて南王国と北王国の分裂や内紛といった出来事もあったが、もっとも着目すべきは、そのあと長期にわたって、ユダヤ人の国がさまざまな外敵に侵略され支配されたということである。

まず紀元前六世紀、バビロニアが古代イスラエル王国を滅亡させ、人々はバビロンに捕囚されてしまった。ついでアケメネス朝ペルシアがバビロニアを滅ぼしてオリエントを統一したが、ユダヤ人たちにとって異民族に支配される屈辱と苦難の時代が終わったわけではなかった。紀元前四世紀には古代ギリシアのマケドニアのアレクサンドロス大王が大征服をおこなってヘレニズム帝国を築き、ユダヤの地を占領する。そしてその後、ローマが地中海世界を統一したので、ユダヤの人々は完全にローマ帝国の支配下に入ることになった。

イエス・キリストが生まれたとき、ユダヤ人の国はヘロデ王によって統治されていたものの、それはローマの傀儡政権に他ならなかった。このように、西暦元年にはすでに、ユダヤ人たちは六〇〇年以上にわたり、繰り返し異民族による屈辱的な支配をうけるという悲劇的状況にあったのである。

ヤハウェによってとくに選ばれた民であるユダヤ人たちにとって、これは理解にくるしむ恐ろしい事態だったに違いない。ヤハウェは義の民である彼らを守るはずではなかったのか。どこの民族にも守護神はいるが、その力がおよばず、異民族に侵略され支配されてしまったとき、守護神への信仰心は普通みるみる衰えていく。さらに民族のアイデンティティそのものが四散し、文化も伝統も異民族に同化吸収され消滅してしまうことも少なくない。

だが一方、逆に苦難のなかでかえって信仰心が強まり、アイデンティティが鍛えられていくという例外もある。そしてユダヤ人たちは、まさにそういう例外的な民族だったのだ。ただし、こういった例外が生まれるには、異民族の圧政のもとで苦しむ庶民を納得させる社会的・心理的な仕掛けがなくてはならない。それこそが「宇宙創造と救済」という物語だったのである。

つまり、ヤハウェは何らかの遠大な計画をもっており、それにしたがって宇宙の万物を設計し創造した、という物語である。もしそうであれば、苦難の日々は予め計画されたものであり、やがて神によって義が実現される日が来るまでの一種の試練である。だから深遠な意義をもつものとして耐えることもできるだろう。

義が実現されるとは、典型的には救世主（メシア）の出現に他ならない。こうして、打ち続く迫害は民族的記憶のなかで、かえってユダヤ教徒としてのアイデンティティを強化していった。天地の誕生を語る神話はユダヤ教にかぎらずいろいろあるが、それらの多くは単なるエピソードにすぎない。旧約聖書の創世記はそれらとはまったく異なり、最終的救済にいたる試練を前提とし、時間的に展開される難解深遠なプログラムとしての宇宙創造物語なのである。

イエスという人物は、西暦三〇年ごろ十字架にかけられて処刑された。「キリスト」という言葉はヘブライ語の「メシア（救世主）」のギリシア語訳に他ならない。確かに後世のキリスト教徒にとってはその通りとなった。だが当時の普通のユダヤ教徒にとっては、その姿は偉大な救世主にはとうてい見えなかっただろう。イエスは、神殿と律法の権威によって貧しい庶民を収奪するユダヤ教徒エリートたちを批判し、真のヤハウェへの信仰の道を説く、若く情熱的なユダヤ教改革者だった。その言葉は一部のユダヤ人たちを熱狂させ、十字架処刑の直後に一定の宗派を形成したものの、ローマの為政者から見れば大きな勢力をもつユダヤ教のなかの小さな分派にすぎなかった。

イエスの死後も相変わらずローマの圧政は続いた。そして、西暦六六年、たまりかねたユダヤ人たちはローマに反旗をひるがえしたが、このユダヤ戦争は西暦七〇年に残酷に鎮圧された。これ以降、ユダヤ教の勢力は衰え、入信者の数もへり、ユダヤ人たちはさらに悲しい離散（ディアスポラ）の運命をたどっていくことになったのである。

一方、ユダヤ戦争が終わったのち、もはやユダヤ教の小分派ではなくなって自立した「キリスト教」は、異邦人（非ユダヤ教徒）のあいだに急速にひろまっていく。パウロの教会がそこで大きな役割を果たしたのは周知の通りだ。パウロはユダヤ教の律法主義から離れ、十字架にかけられ復活したキリストの受難の物語を信じるなら、ユダヤ人のみならず多様な民族の人々も同様に救済される、と熱く語った。こうして、創造と救済の神話は普遍性を獲得したのである。つまり、モーセの律法を遵守するユダヤ人だけでなく、神の被造物であるあらゆる人々が、信仰によって救済されることになったのだ。

だが、このような普遍的な救済の物語が受容されていくためには、いくつかの条件が不可欠だった。それらについて以下、手短に鳥瞰していこう。

ロゴス中心主義

ヘブライズムとヘレニズムの両極が西洋文明をつくった、というのは決まり文句である。実際、ユダヤ教にギリシア哲学が流入してこなかったら、キリスト教文明がこれほどの普遍性をもって世界中に広まることもなかったし、ＡＩも誕生しなかっただろう。両者の交流は古く、アレクサンドロス大王による古代イスラエル征服にまで遡る。端的にいえば、プラトンやアリストテレスの哲学がユダヤ教の宇宙創造と救済という神秘的な物語に知的な論理秩序をあたえたのであり、それによってキリスト教の普遍的な説得力は一挙に高められたのである。洗練された言語概念の緻密な論証による言説は、合理的精神をもつ万人に訴えることができるからだ。

神学者カレン・アームストロングの著書『神の歴史』には、ヘブライズムとヘレニズムの交流がみごとにまとめられている（Armstrong 1993（1999））。アームストロングによれば、プラトンの永遠の形相とイデアという理念は、「多くの唯一神論者たちが、自らの神の概念を表現しようとしたときに決定的なものになった」という。それらの理念は「知性の推理力によって理解されうる安定的で恒常的な実在」であり、われわれ人間が「感覚を通して出会うところの流転する不完全な物質的諸現象よりも、より永続的で効験豊かな実在」となったのだ（ibid., pp. 46-47／五七頁）。この世の諸事象は、神的世界にある永遠の形相のこだまであり、イデアを模倣するものに過ぎない。それらイデアは人間の精神の中にあって、理性によってふれることができる。理性の働きは、単に脳の活動にもとづく合理的機能ではない。われわれの内にある「永遠の実在」を把えることなのである。これが欧米における「思考（thought / pensée）」というものの原形なのだ。

さらにアリストテレスは、プラトンのイデア論に加えて論理的推論を重視し、推論によって「宇宙を理解することが可能だ」と信じていた。それによって真理を理論的に理解できると考えたのである。第三章で述べたように、二一世紀の思弁的実在論の提唱者メイヤスーは、絶対的なもの（即自的存在）にアクセスできる思考を「思弁的（spéculatif）」と呼び、理由律（推論ルール）を介して絶対的なものへアクセスできる思考を「形而上学（métaphysique）」と呼んだ（Meillassoux 2006a, p. 59／六三頁）。まさにこの「形而上学」が、紀元前四世紀にプラトンとアリストテレスによって誕生したわけだ。即自的存在（物自体）に機械的な推論操作によってたどり着けるという現代のＡＩ学者の信念も、これときっちり重なっているのである。

アリストテレスにとっての神の理念は、後世の唯一神論者に甚大な影響をあたえた。宇宙の諸々の存在は体系的な階層秩序をなしており、神はその頂点にあるというのである。それは不完全な物質的存在とは異なる「永遠不動かつ霊的（eternal, immobile and spiritual）」な存在であり、この不動の存在（The Unmoved Mover）こそが、宇宙のあらゆる運動や活動の原因なのである。ここで人間は他の動植物より上位の特権的な位置におり、知性によって神に似たものとして、その神的な性質にあずかれるというわけだ（Armstrong 1993（1999）, pp. 49-50／六〇―六一頁）。西洋では、こういう考え方は古代から中世、さらに近代の直前まで残存していた。近代哲学をひらいたデカルトでさえ、第一原因として神を位置づけたのである。

とはいえ、ここでプラトンやアリストテレスの宇宙（世界）観とユダヤ教の創造神話の宇宙（世界）観のあいだには大きなギャップがあったこともまた銘記しなくてはならない。プラトンの宇宙（世界）は静的で変化しない無時間的なものだった。プラトンやアリストテレスの神は、別に宇宙（世界）を創造したわけではない。こういう永遠不動の宇宙像に「時間」の観念を導入し、未来における救済という動的な理念を形成したのがユダヤ教の物語だったのである。歴史を振り返れば、ギャップを埋めるために神学的思索上の巧みな工夫がさまざまに凝らされたのであり、また後述するようにそのプロセスで、人々の大きな誤解を招く要因も含まれていくことになったのだ。

古来のユダヤ教とギリシア哲学が融合し、独特のキリスト教的宇宙（世界）観を形成していったプロセスについて述べ始めれば、膨大な議論となる。ある意味で、そのプロセスは古代・中世だけでなく現代まで連綿と続いているともいえる。その詳細について述べるつもりはないが、とりあえずここでは、よく知られた初期の思索者について簡潔にふれておかなくてはならない。

第一はイエスの同時代人だったアレクサンドリアのフィロンである。この人物は敬虔なユダヤ教徒であるとともにプラトン主義の哲学者だった。ユダヤ教の神とプラトンの神を接合するためにフィロンが用いたのは、神の「本質すなわちウーシア（ousia）」と神の「活動すなわちエネルゲイアイ（energeiai）／デュナメイス（dynameis）」とを分けることだった（ibid., p. 85／一〇一―一〇二頁）。

神はあまりに崇高で絶対的な存在であり、われわれ人間はその神秘的な「本質」を知性によって把握することなど決してできない。これはモーセが戒めたことだった。一方、その「活動」とは、プラトンやアリストテレスが論じた第一原因から流出したものであり、これは人間の知性が把握できる最高のリアリティだというわけだ。

この区別は、後世のキリスト教徒にとってきわめて有用なものとなったが、それだけではない。同様にキリスト教徒にとって有用だったのは、フィロンの「神的ロゴス論」である。フィロンは「神が創造のマスタープラン（ロゴス）を作った」と考えたのであり、それは「プラトンの形相概念の領域に呼応するもの」だったのである（ibid., p. 86／一〇二―一〇三頁）。

アレクサンドリアのフィロン

ここでわれわれ日本人には分かりにくい「ロゴス（logos）」なるものについて一言ふれておく必要がある。

ロゴスとは、万人の理性にうったえる二〇世紀の記号論理学のような普遍的「論理」の面をもつが、それだけではない。それは啓示によってあたえられる「神の御言葉」という神秘性を

プロティノス

おびるものでもある。理性にうったえる無味乾燥な論理だけでなく、感性をとらえる神秘性がなければ多くの人々の心をとらえることはできない。キリスト教の布教についてメディア論の立場から研究している唯物論者レジス・ドブレは、次のように述べている。「ユダヤ教とキリスト教とのこの混成体は、創世記の最初から世界創造の動力因であったヤーウェの『言葉』と、ヘラクレイトスやフィロン、そしてネオ・プラトン主義者たちの『ロゴス』とが交差することによって生まれたのである」(Debray 1991, p. 95／一一五頁)と。

ここで紀元一世紀以降の古代後期に、プラトンの哲学が新たに解釈し直され、当時の知識階級を魅了したことを記しておかなくてはならない。これは「ネオ・プラトニズム(新プラトン主義)」とよばれる。紀元前五―四世紀に活躍したプラトンの哲学は政治活動にむかう社会倫理的な色彩が強かったが、数百年をへた後のネオ・プラトニズムにおいては、むしろ神秘主義的・個人主義的な色彩が前面に出てきた。

万物は至高の「一者」から流出し、その働きによって星辰や太陽や月などの天体が永遠に作動して、地上のわれわれに影響をあたえ続ける。ゆえに思索する者は、瞑想をつうじて魂を身体から解放し、神的世界に昇ることができる――こういう神秘的な宇宙論が新プラトン主義者の信念に他ならない。

古代における新プラトン主義者の代表として知られるのは、三世紀の哲学者プロティノスである。ネオ・プラトニズムはこの人物によって創始されたとも言われている。プロティノスは、三宗教（ユダヤ教、キリスト教、イスラム教）にまたがる後世の唯一神論者たちに影響をあたえる神のヴィジョンをつくりあげた。「彼は、ギリシア的思弁のほぼ八百年にわたる主流を吸収し、われわれの時代の、Ｔ・Ｓ・エリオットやアンリ・ベルグソンのような重要な人物にすら影響を与えるまでに、それを伝達してくれた」（Armstrong 1993 (1999), p. 124／一四四頁）とアームストロングは述べている。

原初の統一であり究極的実在である「一者」、すべてであり何ものでもない非人格的な「一者」が神であり、その超越性は「恍惚（エクスタシー）」として言葉で記述される。この一者の横溢から流出するものとして、プロティノスは「知性（ヌース）」と「魂（プシケー）」をあげており、この三つ組みが人間にはたらきかける神性を形作ると考えた。一者、知性、魂という三つ組みこそ、キリスト教の「三位一体（Trinity）」に近いものであったとアームストロングは指摘している（ibid., p. 126／一四六頁）。

そして次節で述べるように、この三位一体という思想こそ、まさに、シンギュラリティ仮説に象徴されるトランス・ヒューマニズムを胚胎させる基盤をつくったと考えられるのだ。

2　選民による布教と情報伝播

神に近づく人間

ユダヤ教における「救済」とは、出エジプト以来のつらい迫害を耐えたユダヤ民族だけがとくに選ばれ、救われるというものである。これはきわめて「閉鎖的な選民思想」であり、ユダヤ人たちは救われるために、モーセの律法やタルムードを厳密に遵守しなくてはならない。この考え方は迫害された民族固有の記憶に根差している。だが、もし神が宇宙（世界）を創造したとすれば、すべての被造物、あるいは少なくとも、より緩やかな条件を満たす人々がことごとく救われるという考え方が出現してもおかしくないだろう。こういう普遍的で「開放的な選民思想」がキリスト教だったわけだが、これを可能にしたのはいったい何だろうか？——それこそがまさに、「イエスの受難」と「御言葉（ロゴス）の受肉」という思想、そしてそこから出来する「神（父）／イエス・キリスト（子）／聖霊」という三位一体（Trinity）の教義に他ならなかった。

神が至高の一者であり、われわれにはその本質を知ることも語ることもできない、はるかに遠い究極の実在であるとしよう。それなら、貧しい人々に道を説いた後に処刑された人間イエスがそんな至高の存在と一体であるなどとは、とうてい言えないはずである。普通に考えれば、それは冒瀆ということになる。せいぜい、神の言葉をあずかったすぐれた預言者として位置づけられるのが関の山ではないか（実際、イスラム教では、イエスは預言者という扱いをされている）。

だが、周知の通り、西暦三二五年のニケーア（ニカエア）宗教会議において、人間イエスを神より低位と見なすアリウス派は異端とされ、神性をおびたイエスが聖霊とともに神と一体をなすというアタナシウス派の三位一体説が正式に認められ、現在に至るまで正統な教義とされている。つまり、イエスは人間というより「神の御言葉（ロゴス）の受肉（incarnation）」であり、そしてわれわれ人間は、自分の心の中にある聖霊によって御言葉を感得できるというわけだ。

なぜそういう考え方が出現したかを理解するための背景として、パウロを中心とした教会による布教について一言述べておかなくてはならない。イエスの同時代人であるパウロは律法を遵守するパリサイ人のユダヤ教徒だったが、回心してキリスト教徒となり、救済概念に関する抜本的な意識転換をおこなった。端的に言えば、「戒律（律法による戒め）を守ることで救われる」から「信仰によって義とされ、救われる」への転換である。

すべての人間は本来、原罪をおかしてエデンの園から放逐された罪人であるが、その恐ろしい罪は、汚れなきイエスが十字架にかけられることで贖《あがな》われた。そして神の子であり永遠の命をもつイエスは復活したのだ。つまり、この一連の出来事は、神による救済の計画に他ならない。万人は、忠実に神を信仰することで救われ、エデンの園にはいることができる。——イエスの十字架刑と復活のこのエピソードが、パウロの説く教えの中核をなしている。

ユダヤ教では、最後の審判の日に救われるため、煩瑣な戒律をきびしく守りながら生活する必要がある。これは一部の富めるユダヤ人以外には難しい。それゆえ、すでにイエスによって救済はおこなわれたのであり、信仰すれば救われるというパウロのシンプルな教義が、貧しいユダヤ人だけでなく、一般の多くの異邦人たちをも惹きつけたことは明らかだ。とくに、罪なくして残酷な刑をうけ、苦痛のなかで息絶え、さらに復活した、というイエスの生々しい具体的な人格的イメージは、苦しい生活をおくる多くの人々の心を強烈にとらえずにはおかなかっただろう。

そして、人間の肉体をもって来臨したイエス・キリストの唇から発せられた言葉（ロゴス）こそ、神の啓示に他ならない。こうして、御言葉（ロゴス）の受肉というキリストのイメージが、三位一体の教義への道を拓いたのである。

パウロの築いたキリスト教会がローマ帝国でたどった道は平坦だったわけではない。パウロ自身、ローマの手で刑死させられた。ネロ帝による迫害をはじめ、多くのキリスト教徒が殉教したのである。しかし、キリスト教会は政教分離でローマの支配を受け入れ、人々のあいだで隣人愛による相互扶助をおこない、次第に一種の社会的秩序を確立することに成功していった。教会はローマ帝国のなかでいわば一種の小宇宙のようなものを形成したが、それは「多人種的で、普遍的で、国際的で、世界的で、有能な官僚によって管理されていた」（Armstrong 1993（1999), p. 129／一四九頁）のである。

つまり、キリスト教会はローマ帝国にとっても有用であり、帝国の管理のための安定装置となったのだ。こうしてコンスタンティヌス大帝は自らキリスト教徒となり、西暦三一三年にミラノ勅令によってキリスト教を公認した（四世紀末には、テオドシウス帝によって他宗教が禁止され、キリスト教はローマの正式国教になる）。

ニケーア宗教会議はコンスタンティヌス大帝によって西暦三二五年に開催されたが、そこでアタナシウスの唱える三位一体説が採択されたのは、以上のような経緯を眺めると、常識に反して奇妙なほど納得できるものではないだろうか。なぜなら、端的にいえば、三位一体が可能にするのは、完全な至高の神と不完全きわまる人間が接近すること、さらにはイエスの受肉を通じて結びつくことに他ならないからだ。

このこと自体は、喜ばしい出来事だったと言えるかもしれない。実際、どれだけ多くの不幸な貧しい人々が、この教義によって神にいたる道筋を示され、餓《う》えた心を救われたことだろうか……。四—五世紀の神学者アウグスティヌスは、そのことをはっきり自覚しており、後世の西洋人に多大な影響をあたえた。

アウグスティヌス

この神学者は新プラトン主義者であり、プロティノスに傾倒していたが、その教義は「心理学的三位一体」と言えるものである。つまり、アウグスティヌスにとって神は客観的実在というより、各自の「心というリアルな世界」において見出されるものであり、「自己という複雑な深みのなかに精神的に現臨するもの」に他ならない (ibid., pp. 146-147／一七〇—一七一頁)。神と人間は途方もなく離れている。だが、「神が受肉した言葉」はキリストという人格において来臨したのであり、ゆえに、われわれは心のなかで神に出会えるのである。

こうしてやがて、人間は「神的なものへの潜在力」をもっており、ついには「『神』と人間とは不可分であるべきだ」という発想が出てくる（ibid., pp. 155-158／一八一―一八三頁）。しかしこの方向性は、フィロンが強調した「神の本質（ウーシア）と活動（エネルゲイアイ）の区別」を危うくするものではなかっただろうか。なぜならそれは、人間の地上での活動を神の絶対的権威によって正当化する論理の出現につながるからだ。

　実際、三位一体は支配者や管理者にとってまことに都合のよい教義だとも言えるのである。イエスの語った言葉（ロゴス）は神のものであり、無謬なのだから、その言葉を説く人間は「神としての人間」となり、絶対の権威をもつことになる。むろん、宗教改革者イエス自身はそんなことなど、全く考えていなかったに違いない。だが、ドブレが言うように、十字架にかけられたこの人物は、「受肉によって最も力のある連結の中心ピン」となり、「救済の宗教はやがてそれを用いて、全世界を征服していく」のである（Debray 1991, p. 94／一一三頁）。

　本書の冒頭で、ＡＩがめざすのは「身体をもつ人間が生きるための生命知」であるのか「普遍的な真理に到達するための絶対知」なのか曖昧だ、と指摘した。ここでようやく、この曖昧さをもたらす思想の出処がはっきりしてきただろう。人間と神の接近、いや、さらには接合さえも保証する三位一体の教義が、この曖昧さの淵源にあるのだ。とすれば、それを念頭においてＡＩと一神教に関わる分析を続けなくてはならない。

文書とメディア

　キリスト教の特徴として、イエスの言動を記した新約聖書が絶対的な権威をもっているという点があげられる。ユダヤ教が依拠する旧約聖書も重要ではあるが、いかなるキリスト教会でも、なにより新約聖書にもとづいて教えが語られる（ユダヤ教では、新約聖書は聖典として認められていない）。多くの宗教では、たとえ神聖なテキストがあるとしても、それに絶対的に依拠して教えが語られるというより、むしろ教祖や宗教団体構成員の実践活動をもとに布教がおこなわれる。その点で、キリスト教はかなり変わった宗教だと言ってもいい。

ところで、これは不思議なことではないだろうか。なぜなら、イエスは口頭で人々に神意を説いたのであり、文字に頼って書物で教えを伝えようとはしなかったからだ。新約聖書が成立したのはキリスト教がローマ国教となった四世紀で、そこには三〇〇年もの懸隔がある。いったいこれは何を意味するのだろうか。

当時の人々のなかで、文字が読めるのはごく限られたエリートであり、一般の人々は権力をもつエリートを介して聖なるテキストの言葉を聴くことしかできなかった。すると、そこに権力者によるテキスト解釈の余地が生まれてくる。読んでみるとわかるように、新約聖書はかなり曖昧な書き方がされており、厳密に解釈しようとすれば悩ましいことになる。だが、この曖昧さこそが重要なのだ。それによって、権力者はテキストの「真なる意味内容」を一般の人々に伝え、好都合な解釈によってうまく従属させることができるからである。

「聖なるテキストの存在は、権力を強化する」と神学者の加藤隆は述べている（加藤 一九九九、二六一頁）。四世紀に新約聖書ができた理由は、加藤によれば、「新約聖書を成立させることがたいへんに有効だったから」、「教会全体の統一と秩序実現のため有効だったから」なのだ（同書、二六七頁）。国教として機能するためには、キリスト教は社会全体の民心を管理するための原理にならなくてはならない。こうして「キリスト教側における新約聖書の成立への動きは、キリスト教によるローマ帝国風の世界管理をめざす流れのなかの出来事としてとらえるのが適切かもしれない」（同書、二七〇頁。傍点筆者）という鋭い指摘がなされることになる。

　聖なるテキストの成立と関連して、それの人々への流布、つまり情報伝播のメカニズムに注目しなくてはならない。さもなければ、広大な地中海世界を包含する民心支配の管理ツールになることなど決してできなかっただろう。

　メディア学者ドブレは、次のように述べている。「運送体制を伴わないメシア思想には、目的に見合った手段がない。そこにこそユダヤ教の悲劇があった。〔…〕一方、郵便配達員としてのキリストは、神として『存在する』。〔…〕新約とは、いわばユダヤ教の絶対神が、カトリック神学という郵便通信事業体と交わした契約である」（Debray 1991, p. 108／一三三―一三四頁）と。

「カトリック」とはギリシア語の「普遍（カトリコス）」に由来する。ここで、キリスト教が多くの土着の民族宗教とは異なり、普遍的に拡大していく一種の「モバイル宗教」であることを銘記しなくてはならない。

　民族宗教では、「聖なる場所」が信仰の対象となることが少なくない。森や山、滝、湖などはその典型だし、鳥居が立っている神社の結界はわれわれ日本人が馴染んでいるものだ。ユダヤ教における神殿もその一つだっただろうが、ローマによって破壊されてしまった。以後、離散（ディアスポラ）の民となったユダヤ人たちは旧約聖書とタルムードを聖典とするモバイル宗教とならざるをえなかった。一方、キリスト教におけるモバイル性は少し異なる。それは、新約聖書を持ち運んだり、あるいは書かれた情報を送受信したりすることで、いかなる遠隔の土地にも容易に布教することができるようになったことを意味している。

古代におけるキリスト教布教の代表的なテクノロジーは「コデックス」と呼ばれる多面書板だった。これは数枚の木板に穴をあけ、綴じひもでまとめた記録簿のようなもので、表面に蠟が塗ってあり、錐でそこに文字を書いたり消したりすることができた。コデックスに聖典の文字を記し、それを持ち運んで人々に語りかけることは、当時かなり便利な情報伝達手段だったのである。

ドブレは、キリスト教とは「聖ヨハネ＋コデックス」だという公式を提示している（ibid., p. 132／一六四頁）。「キリストは肉体となった御言葉として救済をもたらす。〔…〕キリストの聖性は、伝播によって、そして公現の再中心化によって、福音のコデックス（冊子）を神聖なものにするのだ」（ibid., p. 143／一八二頁）。『ヨハネによる福音書』にあるように、神はロゴス（御言葉）によって万物をお創りになったのであり、またキリストはロゴスそのものなのだが、ロゴスは伝達テクノロジーを用いて広く人々に伝播され共有されることで、はじめて命あるものとなったのである（Armstrong 1993（1999），

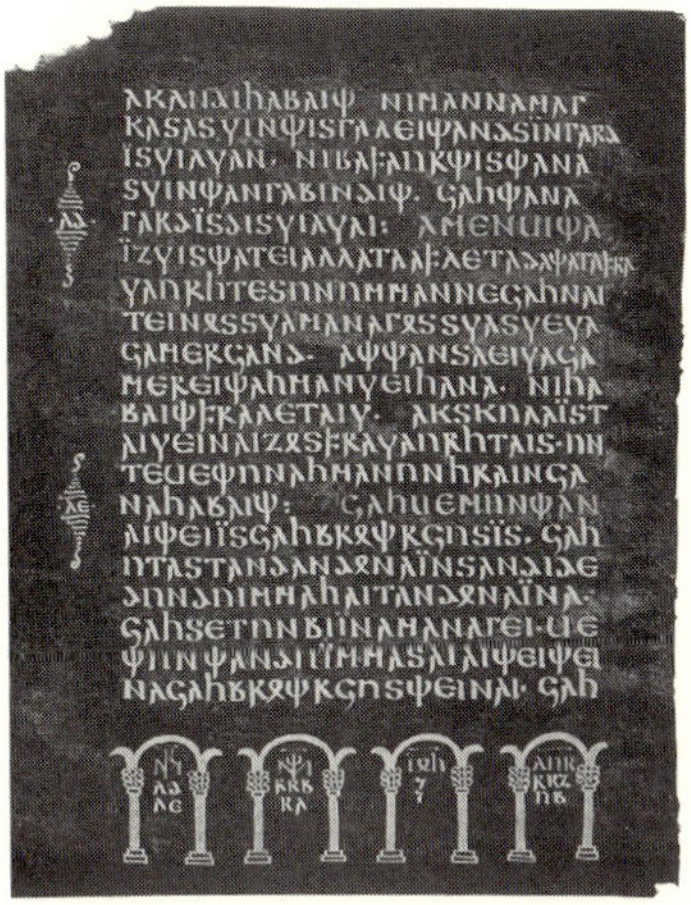
コデックス（アルジャンテウス写本）

pp. 132-134／一五四―一五六頁）。

文字とはもっとも原初的な「機械情報」である。あらためてここで、基礎情報学における三つの情報概念を復習しておこう。情報とは本来、生命体の内部で「有意味なもの」として発生するが、これは「生命情報」だ。われわれの生命情報は各自の身体内部にあるが、それを社会で共有するためには何らかのシンボル（言語記号など）によって表現されなくてはならない。こうして「社会情報」が誕生する。社会情報には意味解釈の余地があり、伝達のプロセスで誤解も生まれる。だが、意味伝達の問題はいったん措いて、ともかくシンボルを時間空間的に離れた遠隔点まで正確に伝えることは必要条件だろう。こうして、シンボルさえ正確に伝達すればよいと考えれば、「機械情報」が出現する。新約聖書の文章を遠隔地の人々に伝えるには、正確に文字を書き写さねばならない。それこそがコデックスに書かれた機械情報なのである。

いうまでもなく機械情報を正確に伝達しても、かならずしも意味内容が正確に伝わる保証はない。にもかかわらず、聖なるテキストにもとづくキリスト教の布教において、それが問題にならないのはなぜか――ロゴス（御言葉）の正統な意味解釈、真なる意味内容の伝達が、聖職者のもつ権威によって保証されていたからである。聖職者の語る意味内容の背後には「無謬の神意」があるので、万人はそれを信じなくてはならない。そこにはユダヤ教の選民意識とは異なる、新たな選民意識がある。「コミュニケーション」の原義が神の御言葉を信者の共同体で共有することだとすれば、ここで情報学的にみて興味深い考察ができるだろう。つまり、そこでは文字（機械情報）の伝達がそのまま、聖霊によって満たされた信者たちの心の中で「正しい社会情報／生命情報」になるはずだ、ということなのである。

こうして、二〇世紀の通信工学者クロード・シャノンの情報理論が、なぜあれほどの成功をおさめ、今なお情報学の基礎的な理論として欧米で認められているのか、その理由が徐々にわかってくる（奇妙なことに日本でもそうなのだが）。

シャノンの理論は単なる記号（機械情報）の効率的伝送に関するものであり、通信工学上の成果ではあっても、意味内容をふくむ情報伝達の理論にはまったくなり得ない。だが、コミュニケーションという行為の背後に「神意にもとづく権威」があり、それが正しい意味の伝達を保証していると考えれば、機械情報だけに着目すればよいという主張への異議申し立ては減るだろう。古代からの一神教文化の影響はまことに甚大なのである。

形式的論理と神秘的物語

テキストに書かれた機械情報（文字）が、権威者によって解釈されて社会情報（言葉）となり、一般人の心の琴線に触れる生命情報として共有されていくというのが、キリスト教世界の情報伝播の基本形に他ならない。ところで、これが成功するためには、おもに二つの要因があることを指摘しておく必要がある。

第一は、すでに述べてきたように、テキストが宇宙（世界）の成り立ちを説明する論理的秩序を持っていることだ。知的合理性がなく矛盾していれば人々を説得することは難しい。「宇宙の万物は言葉（ロゴス）によって計画的に創造された」のだから、テキストは論理的な秩序と整合性をもっていなくてはならない。これは古代ギリシア以来の西洋文化の大伝統であり、中世のスコラ哲学をへて、近代科学にまで連綿と受け継がれている。フレーゲやラッセルらが格闘した現代論理学もその延長線上にあるし、二〇世紀のＡＩブームにおいてコンピュータが推論機構（inference engine）と見なされたのも、まさにこの文化的伝統を踏まえているのだ。

しかし他方で、知的合理性だけでは、広く一般の人々の心を深くとらえるのは難しい。形式的整合性は重要だが、とかく無味乾燥なものだ。テキストが人々の情念や体験にはたらきかけないかぎり、それはせいぜい一部の知識階級を納得させるだけにとどまる。つまり、第二の要因とは「神秘的物語性」に他ならない。

「キリスト教の推進力は感情的なものだった。キリスト教は、正統なる哲学をもってではなく、より強力な神話をもって、力の弱まった支配的神話を打ち倒したのである。概念よりも神話の方が、素早く、そしてより強烈に打撃を与えるのだ。人々を動かそうとするのなら、定理を示すのではなく物語を語るべきなのだ」とドブレは述べている（Debray 1991, p. 130／一六二頁）。

神秘的な物語の筆頭は、すでに述べてきたように、十字架刑にかけられたイエスの受難と復活の物語に他ならない。しかしここで、二一世紀の今日、新たな物語が出現していることに注目する必要がある。端的に言えば、トランス・ヒューマニズム、とくにシンギュラリティ仮説こそ、その一つと見なされるのだ。ＡＩに通暁したフランスの現代哲学者ジャン＝ガブリエル・ガナシアは、シンギュラリティ仮説を「現代のグノーシス神話」だと断じている。ガナシアの著書『そろそろ、人工知能の真実を話そう』（Ganascia 2017）は、シンギュラリティ仮説の科学的根拠の薄弱さを冷静に批判するだけでなく、トランス・ヒューマニズムの文化的・宗教的背景を仮借なくあばいた好著と言える。

日本ではあまり知られていないが、グノーシス主義とは、ユダヤ＝キリスト一神教やギリシア哲学と深く関わり、さらにゾロアスター教からも影響をうけた古代からの宗教思想である。正統なカトリック教会からは異端と見なされてきたが、中東をふくむ西洋世界では近代の直前まで、圧倒的な魅力で人々を惹きつけた。前述のネオ・プラトニズム（新プラトン主義）も、このグノーシス主義と関わりが深いのである。

グノーシス主義の流れはいろいろあるが、古代グノーシス主義を統一した宗教はマニ教と呼ばれる。キリスト教精神の祖であるアウグスティヌスでさえ、若いころはマニ教を信奉していた。それは光と闇、善と悪の二元論であり、主に個人の救済を主眼とした、都会的で知的な宗教思想に他ならない。その内容を簡単に説明するとこうなる。――われわれ人間が住むこの地上世界は悪のはびこる不完全なものであり、それを創ったのはデミウルゴス（造物主）という邪悪な神である。地上世界のほかに、父なる真実の神がおられる光の世界があるのだが、救われてそこに至るには、隠された知識、すなわち「グノーシス」によらねばならない（「グノーシス」とはギリシア語で「知」を意味する）。そして光の世界への離脱は突如おこなわれるのだ……。

ガナシアは、このグノーシス主義とシンギュラリティ仮説はいずれも二元論だと述べ、両者のあいだのいくつかの類似点を指摘している。まず、不完全なこの世界を否定し、本来あるべき完全な世界への到達を是とするという点だ。確かに、テクノロジーと人体がハイブリッド化して不死になるというマインド・アップローディングは、そういう願望を想起させる。さらなる類似点として、時間の流れに断絶があるという点をあげている。グノーシス主義の時間は、最後の審判にむかって徐々に流れるのではなく、ギリシア哲学のように永遠に巡り続けるのでもなく、突然の破断によって不連続な救済が生じるという特徴をもつ。これはまさに、約三〇年後に特異点が生じてＡＩの知力が突如計り知れないものになる、というシンギュラリティそのものではないか、というわけだ（ibid., ch. 5）。

これらの類似点の細部については、宗教学者やＡＩ学者から異論が出るかもしれない。だが、ガナシアが指摘する類似点のなかで最も注目すべきは、シンギュラリティ仮説が正確な「論理（ロゴス）」ではなく、「物語（ミュトス）」によって人々を説得しようとしているという点である。この指摘はまったく正しい。カーツワイルが依拠する「収穫加速の法則（ＬＯＡＲ）」は、「法則」とは名ばかりで、単にムーアの経験則などを都合よく拡大解釈したものにすぎない。およそ精密な論理命題をつないでいく知的論証からはかけ離れている。その意味で、表面的には形式論理と実証を重んじる自然科学的議論の装いをしているが、実は古代以来の神秘的物語の現代版だと言えるだろう。論理より物語の魅力によって人心を惹きつけようとしているのである。

さらに、あえてここでトランス・ヒューマニズムとグノーシス主義の類似にこだわるなら、いま一つ肝心な点をあげることができる。グノーシス主義がユダヤ＝キリスト教と異なる点は、神と人間との位置関係にある。ユダヤ＝キリスト教では、神は人間より圧倒的な上位にいる。確かに三位一体によってイエスは仲介者となり神と人間を結びつけたが、それでも非対称な位置関係は変わらない。しかし、グノーシス主義では、両者の関係は対称的である。日本におけるグノーシス研究の第一人者である大貫隆は「グノーシス主義は人間の本来の自己を端的に『神』であると宣言する」と述べ、「魂と至高神は詰まるところ同質なのである。この意味で、人間を基準にした場合、グノーシス主義は超越なき世界観であると言わなければならない。世界も超越もない『人間即神也』という考え方がグノーシス主義の本質である」と断言している（大貫 一九九九、一六頁）。

人間即神——まさにここに、トランス・ヒューマニズムの思想が最も明瞭に露呈しているのではないだろうか。「トランス（超）」という表現が語義矛盾の印象をあたえるが、人間がいわば神と化して宇宙（世界）を変革していく、という方向性ははっきりしている。ＡＩのめざす目的としての人知模倣と絶対知実現のあいだの矛盾や、さらに、宇宙（世界）を分析しているのはしょせん人間という生物種にすぎないという観察者視点の限界性は、この人間即神という前提によって一挙に払拭されてしまう。

だが、それにしても、なんと傲岸不遜な物語だろうか。あえてグノーシス主義の用語にこだわれば、この前提は、人間がどこまでも悪の造物主（デミウルゴス）に近づくことを容認するものではないだろうか。

3　一神教は超克できるか

近代化による啓蒙

一七―一八世紀に近代化が始まるまでの長い間、西洋世界では、正統キリスト教の三位一体の物語に加え、その周辺でグノーシス主義やさまざまな神秘的物語が人々の心をとらえ続けてきた。近代化という社会変化を簡潔にまとめれば、それら神秘的物語に宿る魔術的要素が否定され、形式的論理と実験的実証にもとづく客観的な合理精神が表面化したということだろう。

ただし、そのプロセスは平坦ではなかった。古代ギリシアの自然科学的な知識は、周知のように、中世にはキリスト教ヨーロッパ地域よりむしろイスラム教中東地域で受容され、発展し、ルネサンス期になってヨーロッパにもたらされた。この移入のとき、ルネサンス・ネオ・プラトニズム（ルネサンス期の神秘的な新プラトン主義）は、魔術的な錬金術と混交しつつ、ヨーロッパの近代科学の成立に多大な影響をあたえたのである（このあたりの詳細については、拙著『秘術としてのＡＩ思考』（西垣 一九九〇（一九九五））を参照していただきたい）。

西洋中世の一般の人々は、薄暗い教会で神父の説教を聴きながら、罪の意識で慄《おのの》き、神罰を恐れて震えていた。原罪は洗礼によって赦されても、その後に犯した罪を償わなければ地獄に落とされるかもしれないからである。集団的心性を支配されていたそれら一般の人々が、近代の光をあびて明晰な理性をもつ個人として啓蒙され、合理主義という共通理念のもと、自由平等な社会の建設や科学技術の発展に向かって努力するようになった。いったいなぜだろうか。

――この問題については、政治的・経済的・歴史的な諸面をふくめ、すでに数多くの研究があるので、今さら贅言を述べるまでもない。だが、情報学的見地からは、ここで、一五世紀グーテンベルクの活版印刷術の発明と、これにともなう安価な聖書の一般人への流布、および一六世紀のルターとカルヴァンによる宗教改革について、どうしても一言ふれないわけにはいかない。

中世には、手書きの貴重な聖書に直接接することができるのはごく一部の聖職者だけであり、その解釈が無上の権威をもっていた。人々は教会で説教に耳を傾けるだけだったのである。だが、一般の人々が安価な聖書を入手し、それを読むことができるようになれば、事情はまったく異なってくる。個人がそれぞれ聖書の意味を解釈する道がひらけてくるからだ。信仰という存在は、共同体メンバーの集団的な心理活動を権力者が統一的に管理しつつ導いていくためというより、むしろ個人の私的な内面生活に関わるものになってくる。同じキリスト教の神を信じるといっても、細部においては信仰の自由が尊ばれることにならざるをえないのだ。

こうして、近代ヨーロッパでは、さまざまな教義をもつプロテスタンティズム諸派が併存することになった。そのなかで信仰の自由をもとめてアメリカ大陸に渡る人々が現れた経緯については、もはや述べるまでもないだろう。

以上のような近代化の背景のもとで、西洋の知識階級の中に、神の存在そのものは認めつつも、人間の理性をもとに宇宙（世界）を合理的に解釈し直そうとする動きが出てくるのは当然のことだった。神が宇宙（世界）を創造したことは認めても、その後の宇宙（世界）は自ら変化し発展しているのであり、そのメカニズムは理性によって探究できるのだという自然科学的な考え方が出現してくる。これは「理神論（deism）」と呼ばれるが、そこでは神秘的な奇跡や予言などは否定され、聖書と理性の両立が求められる。つまり、神のもとにあった宇宙（世界）の論理的秩序が、人間の理性のもとで改めて捉え直され、自然法則を探究していく人間の行為が尊重されることになっていく。

デカルトやライプニッツ、ニュートンなど近代初期の哲学者・科学者はそういう役割を担ったのであり、その考え方は社会革命を進める啓蒙主義者たちに引き継がれた。そして、メイヤスーの批判する相関主義思想も、このような時代精神のもとで誕生したのである。相関主義哲学の創始者であるカントは、神の存在についてのデカルトの論証を反駁したが、だからといって神を信じていなかったわけではない。カントは神が必要だと考えていたが、論証する人間の理性がもつ限界を認めたのである。要するにカントは、神秘的物語から形式的論理（理性）への転換という時代潮流をふまえながら、さらに一歩進んで、その論理的思考をささえる人間主体のありようにも分析のメスを入れたのだ。現代哲学はその批判精神を受け継いでいるのである。

しかし一方、以上のような相関主義の批判精神がその後、一般の人々に受容されたかといえば、それは疑問だと言わなくてはならない。啓蒙時代をへてキリスト教信仰が内面化され個人化されたとき、多くの一般信者にとって信仰は宇宙（世界）観というより、聖書がすすめる道徳的生活をおくる指針といったものに変わっていった。さらにこれに加えて、科学法則の探究をふまえて工学技術が急速に進歩し、生活様式が一変したことは、別の巨大な社会的効果をおよぼした。——それはユダヤ＝キリスト一神教思想の「世俗化（secularization）」である。

つまり、科学技術によって宇宙（世界）を変革し、人間生活にとって心地よいものにしていく行為が、無条件に是認されることになったのだ。たとえそれが、神の創造した宇宙（世界）の論理的秩序を探究するためではなく、単に世俗的欲望を満たすためであっても、である。

現代の多くの科学技術者は、カントのように人間の理性の限界を認め、物自体（即自的存在）の認識不可能性の壁で悩んだりはしていない。宇宙（世界）が人間とは独立に客観的に存立しているという素朴実在論を前提に、一生懸命活動しているのである。情報学的な観察者の議論からすると、彼らは、神の視点と人間の視点を無意識に重ね合わせているのだ。ところが一般の人々にとっては、科学技術の専門家の言葉は中世の聖職者の説教のような権威と重みをもっている。素朴実在論など、哲学的にはとうの昔に否定されているし、合理的な批判にとても耐えられないにもかかわらず、である。

この深刻な問題は、学問における文理の乖離といった決まり文句ではとても片づけられない。現にAIをめぐって、人間社会と情報技術にまたがる現実的な課題が続々と出現している。そして、この文脈から言うと、メイヤスーの思弁的実在論は、両者のあいだのギャップを埋めようとする、哲学陣営からの果敢な試みとして位置づけることができるのである。

資本・情報・グローバリズム

世界中が米国を起点とする経済的グローバリゼーションの大波に洗われている二一世紀の現在、以上述べてきたような宗教的背景は、いかなる効果をもたらしているのだろうか——まずここで、プロテスタンティズムにおける予定説について一言述べておかなくてはならない。

予定説とは、おもにカルヴァン派が説いた「すべての人間は、誕生する以前に、救われて天国に行くか、あるいは破滅して地獄に行くか、あらかじめ神によって定められている」という宗教思想である。この世の所業や罪を理由に脅しつける中世的な教会の支配から人々を解放するためには、これは有効な教説だったのかもしれない。だが、それだけでなく、さらにその延長線上で、「この世で成功した人は天国に行けるのであり、成功こそ神による救いが予定されていることの証明だ」という、お金持ちにとってはまことに好都合な、奇怪な考え方が出てくる。こういった議論については、すでにマックス・ウェーバーの有名な研究もあり、詳しく述べるまでもないだろう（ヴェーバー 一九八九）。

神学者の深井智朗は次のように述べている。「だからこそ、この世での成功がアメリカでは宗教的な救済の証明となった。〔…〕与えられた人生で成功した者こそが神の祝福を受けた者だとされたのだ。これがアメリカの自由な競争という市場の考えと結びついて、一代での成功物語こそがアメリカの美談になる。〔…〕市場で成功し、勝利した者こそが正義であり、真理であり、正統になる。これがアメリカ的なイデオロギーに宗教が与えた影響であろう。結果こそが真理となる。神の祝福のこの世でのしるしだということになる」（深井 二〇一七、一八二頁）と。

まさに新たな拝金教選民思想の登場と言えるかもしれない。

二〇〇〇年前に十字架にかけられたイエスは、身の危険をかえりみず貧しい人々に手をさしのべたが、今や逆に、救済は富める者のものになってしまったのである。さらに、そういう富める者がたずさわるビジネスが、論理や実証、そして科学技術的な知識としっかり結びついていることに注意しなくてはならない。

二一世紀にはいって科学技術の進展ぶりはますますすさまじいが、研究開発の現場を動かしているイデオロギーは、もはや「神の創造した宇宙（世界）の深遠なる論理秩序の探究」などではない。むしろ「この世での金銭的成功」や「短期的な地位権力の獲得」に照準が合わされており、それに比べれば長期的な人間の幸福など、どうでもよいことなのだ。ＡＩの研究テーマとして「芸術作品を創るロボット」とか「人間のチャンピオンに勝つゲームＡＩ」とかいった馬鹿げたニュースがよくマスコミを飾っているが、これも衆目をあつめて手っ取り早く予算を得るのにはたぶん効果があるのだろう。

時間的経過を通じて人間の文明が進歩発展していくことが正しいのであり、それが「歴史の意味」なのだという「進歩主義」そのものは、一神教において古くから提示されていた。それは三位一体の教義と結びついており、神の救済計画の一環と見なされたのである。「一八世紀以降、われわれがきわめて容易に、また自然に、進歩主義の前提を取り込んでこれたのだとするなら、それはまさしく、それに先立つ何世紀もの間、ニカエア公会議を共有してきたがためなのだ」(Debray 1991, p. 98／一一九頁)と、ドブレは述べている。

しかし、二一世紀グローバリゼーション時代である今、科学技術の進歩主義はまた新たな局面を迎えていることに、われわれは気づく必要があるのではないか。

この世での成功者はごく一握りの層にすぎない。現在いわゆる格差問題が先進国で話題を集めているが、大多数の人々は成功する可能性など望み薄で、神の救済計画からも除外されている。アメリカン・ドリームなど夢幻なのだ。成功者たちはインターネットをはじめとする情報技術を駆使し、投機的活動を通じて、たちまち途方もない巨利を得ることができる。彼らからみれば、「救済されない存在」である貧しい一般の人々など、安いパソコンと同じ、いや、それ以下の能力しかない機械にすぎない。経済活動によって高速回転しつづけるこの世そのものが「社会的メガマシン」と化しており、一般の人々は取り換えのきく部品に他ならないのである。

一部の成功者と違って、それら一般の人々は論理や実証や知識だけに頼ることはできない。では、何に頼ればよいのか――自分たちを救ってくれる「新たな神秘的物語」である。そして、トランス・ヒューマニストが喧伝するシンギュラリティ仮説は、まさにそういう新たな神話として機能し始めているのである。「人間より賢いＡＩがすべてを決めてくれ、効率よく公平な正義をもたらしてくれる」のだから。シンギュラリティ仮説は表面上、論理実証的な科学論の装いをしているが、実はガナシアが批判するように、人々の情念にはたらきかける物語以外のものではないのだ。

ガナシアは、巨大な予算をつぎこんで汎用ＡＩ実現の研究を進めているグローバルなハイテクＩＴ企業に、国家にかわる世界支配の意図を読み取ろうとしている。それらの国際企業は、「シンギュラリティが到来し、情報技術は自律的に進歩して世界を支配する。だがそれは歴史的必然なのだ」と述べて自らの責任を回避しつつ、ひそかに政治的な支配をもくろんでいる――そうガナシアは警告するのだ（Ganascia 2017, ch. 8）。

ＡＩといってもしょせんは機械であり、プログラムの指示にしたがって作動するのだから、これを秘密裡に制御することは技術的に不可能ではない。そして一方、ＡＩに疑似主体の衣を着せ、その出力を神のご託宣のごとく一般の人々に信じさせるとすれば、それは二一世紀の巧みな宗教的支配とも言えるだろう。

古典的な近代主義者であるガナシアの議論に対しては、あまりに悲観的だという声もあがるかもしれない。確かに、米国を中心としたハイテクＩＴ企業には一種の普遍的善意と理想主義の気風がみとめられる。だが、だとすればなおのこと、その宗教的伝統をふまえた未来像の蜜と毒について、われわれはもっと敏感でなければならないのではないか。

シンギュラリティ仮説をふくめ、トランス・ヒューマニズムに肯定的な人々はこの国でも少なくはない。だが、そういう人々の大半は、ＡＩをふくめたコンピュータ技術についてごく浅い知識しかもっていない。西洋渡来の知識や技術であれば何でも「文明進歩」として礼賛するくせに、アニミズムを奉じるロボット・マニアの楽天主義者もいる。また一方、楽天主義者のなかには、深層学習などＡＩの先端技術自体には詳しいが、極端に視野の狭いＡＩ専門家もいる。さらに、ＩＴ関係者のなかには、本当は疑念をもっていても口先ではシンギュラリティ仮説を支持し、手早く財力と地位を得ようとする狡い連中も混じっているのだ。

　こういう無知と欲望のアマルガムがつくる熱い金属流は、われわれをどこへ押し流していくのか。二〇世紀後半に誕生した多元的思想（構造主義やポスト構造主義）はすでに、一神教的進歩主義の独断的価値観を相対化したのではなかったのだろうか。本来、虐《しいた》げられた貧しい人々を救うために生まれた宗教が、地球上の多様な文化を破壊し、有色人をはじめ多くの人々を残酷に搾取する道具として悪用されたという歴史的体験について、われわれはもっと真剣に考察を深めなくてはならないのである。

第六章 ＡＩの真実——論点の総括

最後に、ＡＩをめぐる原理的かつ核心的な議論について、本書で浮き彫りになった諸論点を以下にまとめておきたい。

(1)ＡＩに関して、最大の問題点の一つは「自律性（autonomy）」の概念である。自律ロボットといった言葉がマスコミを飾ることも少なくない。しかし、もしＡＩロボットが真に自律的に作動しているなら、その判断の結果について社会的な責任をとることができるはずである。このあたりを曖昧にしてはならない。正確にいうと、自律性をもつためには「自ら行動のルールを定めることができる」という点が前提である。コンピュータに限らず、あらゆる機械は、その作動のルールを人間の設計者によって厳密に規定されているから、他律系（heteronomous system）に他ならない。したがってＡＩは機械である以上、正確には自律性をもたないのである。

一方、生命体は根源的に自律的な存在である。それは自分自身で身体と行動を創出しながら生きており、自分で身体にもとづく行動（作動）のルールを創りださざるをえないからだ（ただし、その際、意識されない場合もあるし、遺伝的にルールが引き継がれる場合もある）。内部でルールが創られるので、外部から生命体の行動を観察するとき、生命体の習慣からその行動を推測することはできても、その行動を完全に予測することはできない。つまり、そこにはルールの詳細、そしてこれにもとづく行動の詳細が不明だという「不可知性」がある。不可知性は自律性と分かちがたく関連している。人間同士が対話するとき、相手の言葉を意味解釈しなくてはならないが、これも不可知性が基礎になっている。また、人間のいわゆる自由意思や、それにともなう社会的責任も同様である。

機械であるＡＩの作動は原理的に分析可能なので、不可知性はなく、社会的責任も発生しない。しかし、人間がＡＩロボットと対話しているとき、あたかも相手が自由意思をもつ人間のような感じがすることは十分にある。ＡＩとは「疑似的自律性」をもつ存在なのだ。とくに、ＡＩが学習機能をもち、入力に応じて自らルールを変更していく場合、そういう印象が強くなる。しかし、学習機械においては「メタ・ルール」（ルール変更の仕方を定める高次のルール）が人間によって設計されているのだから、本質的に他律系であることに変わりはない。

(2)疑似的自律性をめぐる問題は、二〇一〇年代になって第三次ＡＩブームが起きてから、いよいよクローズアップされてきた。一九五〇―六〇年代の第一次ブーム、八〇年代の第二次ブームのときは、推論操作の自動化がめざされた。すなわち、知識命題などを記号で表してコンピュータで論理的に組み合わせ、高速推論によって結論をみちびく操作が、人工の「思考」だと見なされたのである。これは「記号計算モデル」であり、記号論理学がベースになっているので誤りは生じにくいが、応用範囲は限られる。

第三次ブームは、これとは異なり、人間の脳神経を模擬した「ニューラルネット・モデル」が中心になっている。画像や音声のパターン認識や機械翻訳など、ビッグデータ処理をふくめて応用範囲も一挙に広がった。実はニューラルネット・モデルの理論自体は一九六〇年代からあったが、コンピュータの性能向上にともなってそれが実用化されたことで社会的注目を集めたのだ。とりわけ、人間による事前のパターンの特徴設計をおこなうことなく、ＡＩが自分でパターンの特徴を抽出して分類する深層学習（Deep Learning）の実験的な成功は、一部のＡＩ研究者による誇大宣伝もあって、「コンピュータが自ら自律的に概念を把握するようになった」という誤解を広めてしまったのである。

実用化された深層学習は、パターン認識技術における画期的な成果ではあるにせよ、自律性とはまったく関係がない。ただ、一般にニューラルネット・モデルは記号計算モデルに比べて、プログラムのアルゴリズムを細かくトレースするのが難しいこと、またその作動のありさまが脳神経の作動メカニズムと類似していることから、疑似的な自律系だという印象が強まってしまったのだ。だが作動トレースの煩雑さは、生命体の作動の不可知性とは根源的に異なる。ある表象を単一記号で表そうと、分散して複数記号で表そうと、本質的な相違はないのである。

むしろ、注目すべきは、第三次ブームにおけるＡＩは基本的に統計計算をベースにしているので、必ずしも結論が論理的に正しいとは言えないという点である。たとえば、外国語の機械翻訳は過去の使用例にもとづいて作動するので、少し変わった文脈では誤訳を出力しやすい。もし誤訳にもとづいて社会的決定がなされて被害が出た場合、その責任はどうなるのだろうか。深層学習が自律的な意味解釈をおこなえると強弁して、ＡＩに責任をとらせるべきなのだろうか。――下手をすると責任は宙に浮き、被害者が泣き寝入りすることになってしまう。

(3)コンピュータがはたして人間の認知や思考を本当に模擬できるのかというＡＩ実現性の問題は、欧米では半世紀前のＡＩ誕生の頃からかなり議論されてきた。そして、哲学の陣営から、否定的なきびしい見解が出されてきたことも事実である。こういった議論はこの国では低調だが、それが一九八〇年代の第五世代コンピュータ開発の挫折の一因だったとも言えるだろう。哲学的な批判を、シロウトによるＡＩ技術自体の否定と受け止めるのではなく、ＡＩの誤用をふせぎ真の発展活用のための助言とすることが大切なのだ。

ＡＩ批判派として知られるヒューバート・ドレイファスは、二〇世紀後半から現象学やハイデガーの実存哲学にもとづいて、コンピュータは世界（宇宙）の意味を捉えることなどできない、と論じてきた。人間という現存在（Dasein）は、世界の中に投げ込まれ、そこで身体を使って生活することから世界の諸事物の意味や価値を把握していく。所与のアルゴリズムにもとづいて記号を形式的に操作しているだけの機械に、そんなことはできないというわけである。

こういった批判に正面からＡＩ学者が論駁できたとは思えないが、他方で、関わりのある工学的な疑問がＡＩ研究の現場から提示された。代表的なものが「フレーム問題」と「記号接地問題」である。前者は、問題解決において関連するデータの範囲が無限に広がってしまい、問題の枠組みを決めるのが難しいということだ。そして後者は、コンピュータがメモリ内部の記号とそれが表す意味内容を結びつけられないということである。

これらは第一次〜第二次のＡＩブームを挫折させる主要因になったと言われてきた。両者がドレイファスの批判の一部として位置づけられることは、少し考えれば明らかだろう。早くも一九八〇年代に、著名なＡＩ研究者テリー・ウィノグラードがこうした哲学的批判を受け止めて議論を展開したことは特筆に値する。ウィノグラードは、ハイデガー実存哲学に加え、生物学者ウンベルト・マトゥラーナとフランシスコ・ヴァレラの提案したオートポイエーシス理論に依拠して、ＡＩによる自然言語理解の原理的困難さを説き、コンピュータ技術のあるべき姿を論じた。だが、ウィノグラードの苦い反省にもとづく教訓は、今日までAI研究開発の場で活かされてきたとは言い難い。残念ながら、第三次AIブームが訪れた現在、フレーム問題も記号接地問題も全く解決されていないのだ。

コンピュータ技術をめぐってこのような混乱が生じた原因の一つは、通信工学者クロード・シャノンが二〇世紀半ばに提唱した情報理論が誤解されて一般社会に広まったことにある。その情報理論はあくまで記号自体の効率的伝送や雑音除去のみに関わり、記号の表す意味内容とは無関係だったのだが、人々は意味内容を含んだものとして受け取ってしまった。コンピュータ内部やコンピュータ同士の記号交換では、不可知性はなく、意味解釈は不要だからシャノン理論は有効である。だが、人間がAIロボットと対話するとなると、そうはいかない。この場合、われわれはとかく、ロボットの疑似的自律性を信じながらシャノン情報理論にもとづいて問題を分析するといった、とんでもない誤りを犯してしまいがちなのである。

(4)生命体と機械のあいだに厳密な境界線を引けるかどうかというのは、AIについての基本的なテーマに他ならない。右に述べた「生命体イコール自律系、機械イコール他律系」という分類は、オートポイエーシス（自己創出）理論をベースにしたものである。筆者の研究する基礎情報学は、オートポイエーシス理論に依拠しながら、シャノンの情報概念を批判的に拡張し、人間（生命体）による意味解釈も含んだ情報概念のもとで、AIを語ろうとするものである。

オートポイエーシス理論は、二〇世紀半ばに数学者ノーバート・ウィーナーが提唱した古典的なサイバネティクスを母体として一九七〇年代に誕生した「ネオ・サイバネティクス」の一環と位置づけられる。古典的なサイバネティクスでは、生命体と機械の連続性に力点が置かれるのに対して、ネオ・サイバネティクスでは両者のあいだの不連続性が強調される。根本的な相違は、どこから対象を眺めるかという「観察者の位置」によって出現する。古典的サイバネティクスが外側から対象を観察し記述するのに対し、ネオ・サイバネティクスは対象の内側から観察される世界を記述しようとする。対象が機械なら両者は一致するが、生命体の場合は一致するとは限らない。なぜなら前述のように、生命体は自分で自分を創りだすので閉鎖的な主観世界を構成しており、観察者は生命体の作動からそれを推測して記述する他ないためだ。逆に言えば、機械については客観的に作動を分析すれば十分だが、生命体についてはそれだけでなく、生命体が構成する主観世界にも着目しなくてはならない、ということになる。これを無視すると、人間を含め、あらゆる生命体はすべて物理化学的な単なる機械と等しくなってしまう。

　人間の脳の機能をコンピュータで実現するのがＡＩだという意見があるが、ここで脳と心の関係に注意しなくてはならない。脳科学者のなかには、心のはたらきはすべて脳の生化学反応によって決定されており、心など幻想だという考え方もあるようだ。この延長線上で、人間には自由意思など無く、何をしても社会的責任など問えないという極論さえ出てくるかもしれない。だが、これは観察者の位置を考慮しない暴論である。外側から客観的に観察し記述できるのが脳だが、心は主観的存在であり、内側から観察しなくてはならない。ヴァレラは心という器に外界が表象されているという考えを退け、心とは人間の身体的な行動の歴史から経験によって産み出されるものだと述べた。端的に言えば、脳は三人称で語られるが、心のエッセンスは一人称で語られる存在なのである。むろん、脳の活動が心の作動に影響することはあるだろう。だが、脳だけから心を語りつくすことはできないのである。

(5)レイ・カーツワイルのシンギュラリティ仮説は、以上のような考察からすれば、きわめて奇妙なものと言わざるをえない。それは脳のスキャンによるマインド・アップローディングによって、経験を含め個人の心をそっくりコンピュータ上に移し換えようというのだから、完全に脳決定論にもとづいた人間機械論である。むろん、ここで「約三〇年後にＡＩの知力が人間をしのぐようになる」というシンギュラリティ到来の予測自体を批判することは容易だろう。カーツワイルの議論は技術が指数関数的に進歩するというＬＯＡＲ（収穫加速の法則）を前提にしているが、実証的な根拠を欠いた単なる未来夢物語にすぎない。とはいえ、ここで大切なのはシンギュラリティ仮説がなぜ人々を惹きつけたのか、その根底にある信念を問いただすことなのだ。

カーツワイルのような考え方は、いわゆる「素朴実在論」にもとづいている。つまり、人間の主観と関わりなく、客観的に世界（宇宙）が実在し、そこにある事物や出来事の関係を科学的に、したがって測定データにもとづく実証と数学的論理によって正しく解明でき、未来も予測できるというわけである。そこでは、人間という生物種が、特有の知覚器官や脳の機能を介して、ゆえにある意味では非客観的な思考モデルによって、世界（宇宙）を観察し探究しているという明示的な自覚はない。何らかの知性が即自的存在である万象に透明に直接アクセスできる、という前提が暗黙のうちに置かれているのである。そして、こういう素朴実在論のもとで、多くの科学技術者は仕事をしているのだ。

むろん、科学的思考はその時代の有力なパラダイムに依存しており、したがって、あらゆる仮説は主観による相対性を免れないという科学哲学からの批判はある。だが、天文学や物理化学など自然科学の分野では、そういう批判をとりあえず括弧に入れても、それほど大きな問題は起きないだろう。一方、ＡＩのように、人間の社会的な行動や判断に実践的な影響をあたえ、場合によってはコンピュータが人間を代替するような応用技術においてはそうではない。はたしてそこで素朴実在論はなお有効なのか。社会的な責任問題はどこへ行くのか。

カーツワイルのシンギュラリティ仮説は、人間の脳をベースにしながらも、人知を超えた、神のような普遍的絶対知の実現を目指している。まさに超知性体誕生の夢物語なのだが、より現実的に、「汎用ＡＩ」の出現可能性を主張するケヴィン・ケリーのような論者もいる。ここでいう汎用ＡＩとは超知性体ではなく、多様な種々の専用ＡＩがインターネット上で集まり、連携しあいながら発展していく、といったイメージである。この「クラウドＡＩネット」の実現性は、たしかに超知性体より高い。だが、ここで注意すべきなのは、種々のＡＩアルゴリズムの集積体であるクラウドＡＩネットもまた、人知を超えた絶対知を目指しているということだ。これも、シンギュラリティ仮説と同様、素朴実在論を前提としたトランス・ヒューマニズム（超人間主義）に他ならないのである。

(6)素朴実在論は、近代哲学においてはとうの昔に否定された議論である。これを論証したのは、周知のようにカントだった。その議論においては、人間の理性による世界（宇宙）の認識行為自体が精密に反省され、即自的存在（物自体）は人間には認識できないという結論が得られたのである。むろん、だからと言ってわれわれには客観的な議論など不可能だというわけではなく、フッサールの現象学をへて、そのための努力は続けられてきた。とはいえ、少なくとも人間という生物種による主観的認識という限定性を無視するなら、正確な議論ができないことは今や明らかなのだ。自然科学の仮説にしても、科学者同士の相互討論を通じて間主観的に形成されていくものに過ぎない。相互討論による合意形成がいかになされるかの方法が、客観性の程度を担保するのである。

このように、世界（宇宙）の認知や把握があくまで人間との関係をもとにおこなわれるという「相関主義」は、現代哲学の主流である。とすれば、素朴実在論にもとづくAIの主張に対する反論が哲学の陣営から現れるのは当然だろう。世界の「意味」を把握できるのは生きている人間であり、コンピュータには把握できない、というドレイファスの議論はハイデガーの実存哲学にもとづいている。相関主義の哲学に依拠する限り、「人知を超える絶対知」などを軽々しく提起できなくなってしまう。コンピュータが人間より計算が速いように、部分的な能力では機械は人間をしのぐことができるが、総合的に人間を凌駕し、難しい社会的判断をゆだねられる普遍的知性ということになると、その探究をささえる哲学的根拠が不可欠となる。

トランス・ヒューマニストがあこがれる普遍的知性や汎用AIの可能性を肯定したければ、カンタン・メイヤスーが近年提唱した「思弁的実在論（speculative realism）」は、少なくとも表面的には、そのためのもっとも洗練された哲学的議論と言えるだろう。それはカント以来の相関主義哲学に痛烈なノンを突きつけた。メイヤスーは、数学的論理をもとに世界（宇宙）の事物や出来事について記述する科学的言説の哲学的根拠を論じようとする。つまり、人間を介することなく、世界（宇宙）の即自的な存在にアクセスできるという議論を展開していくのだ。地球誕生などの、人間不在のはるか太古の世界（宇宙）の状況に関する科学的言説（祖先以前的言明）を基礎づけるための哲学といってもよい。素朴実在論に戻るのではなく、相関主義を徹底することでその論理的矛盾をつくのがメイヤスーの論証のアプローチなのである。

相関主義の哲学は、反－絶対主義（相対主義）の立場だが、そういう主張自体の絶対性を主張することは難しい。メイヤスーはこの点に着目し、緻密な論理を重ねて、絶対的なのは現在の世界（宇宙）のありさまという「偶然的事実」だけだ、という驚くべき結論をみちびく。すなわち、世界（宇宙）の現状を因果的に説明する必然的な理由などなく、すべては偶然に生起するというのである。そこでは恒常的に成り立つ自然法則そのものまで否定されてしまう。

(7)思弁的実在論は、「人間による観察」という大前提なしに世界（宇宙）を語る可能性を開いたとも言えるかもしれない。「ＡＩがＡＩを創って進歩していく」というシンギュラリティ仮説の議論は、相関主義哲学のもとでは信頼性を失うからだ。「思弁的（spéculatif）」とは、何らかの知性（機械的知性をふくむ）が絶対的なものに直接アクセスできるという意味であり、ゆえに思弁的実在論は、トランス・ヒューマニストが追求する普遍的知性の哲学的根拠となりうるのである。素朴実在論と相関主義哲学のあいだのギャップは、今後のＡＩにおいて一挙に顕在化するはずだが、ここでトランス・ヒューマニズムや人間機械論に対する現代哲学者からの攻撃をふせぐのが思弁的実在論とも考えられるのだ。
しかし一方、思弁的実在論は、ＡＩ信奉者にとって逆の効果をもたらすとも言える。普遍的知性とは通常、理論モデルのもとで測定データを分析し、法則を導いたり、現象を説明したり、未来予測をおこなったりするものである。だが、思弁的実在論は、恒常的な法則の存在を否定し、次の瞬間に何が起きるか分からないという偶然性や不可知性を強調する。これは因果的に事象の解明をめざす科学者にとっては晴天の霹靂だろう。むろん、偶然性や不可知性は原理的な次元の議論であって、当面のところ局所的には自然法則は安定しており、したがって科学的探究という営為そのものがただちに否定されるわけではない。にもかかわらず、世界（宇宙）における理由律の否定が、普遍的知性の存立や進展を危うくすることは確かなのである。

加えて、ＡＩの方向性をめぐってさらに問題になるのは、思弁的実在論における「生命」の位置づけだ。思弁的実在論では、世界（宇宙）に物質が満ちており、それらが相互に連絡して流動（flux）を形成していると見なす。生命体とは、この流動の一部を身体的に選別し希薄化した環のような存在ということになる。生存と無関係なものを排除し、意味のあるものだけを選んでいるわけだ。

ここで注目すべきは生命体の「死」である。死には二種類のタイプがあり、第一のタイプは無関心が増大し、環そのものが縮小されたあげくなくなってしまうこと、そして第二のタイプは逆に、関心を拡大しすぎ、ついに環そのものが消散してしまうことだ。近代的進歩主義における人間の生き方としては、前者よりも後者、つまり関心の拡大こそが望ましいとされてきた。そして、トランス・ヒューマニズムに限らず、ＡＩのめざす方向性が、ビッグデータの活用などを通じて世界（宇宙）への関心を拡大する情報処理の限りなき増大・進展にあることは間違いない。ところが、思弁的実在論では、第二のタイプの死こそが恐ろしいものだとされてしまうのである。関心の過剰な拡大は「無限の狂気」をもたらすというのだ。

このように、思弁的実在論は、人間から独立した機械的知性を認定する一方で、ＡＩのひらく未来に対する厳しい警告をも発する哲学思想と言えるのである。

(8)思弁的実在論は近代哲学に対する野心的挑戦であり、非常に注目されてはいるが、まだ主流の哲学思想にはなっていない。現代の主流は、なお相関主義思想である。これを批判するメイヤスーの立論は興味深いものだが、基礎情報学から眺めると、はるか太古の人間不在の状況に関する科学的言説（祖先以前的言明）も、やはり人間がつくり科学者共同体で認められる物語の一種にすぎない。ネオ・サイバネティクスの観点からは、思弁的実在論をそっくり認めることはできないのである。むしろ、人間という生命体による世界（宇宙）の観察と記述の限定性から出発し、間主観性を重視するという点で、ネオ・サイバネティクス（オートポイエーシス理論や基礎情報学をふくむ）は、相関主義思想と親近性が高いと考えられる。

にもかかわらず、思弁的実在論がその論証をつうじて示した議論のなかには、ネオ・サイバネティクスの観点からも、きわめて示唆にとむものが少なくない。とりわけ、その時間論、すなわち過去・現在・未来にたいする洞察と、それがもたらす生命体と機械の本質的相違点は、ネオ・サイバネティクスと共鳴する点もあり、ＡＩを考察する上で無視できないものである。

近代的な世界（宇宙）観では、あらゆる事象は、所与の条件のもとで決定論的あるいは確率論的に生起すると見なされることが多い。事故や地震をはじめ、未来に起こる不確定な事象を予測するときは通常、確率モデルが用いられる。過去の統計データにもとづいてモデルのパラメータが定められ、予測がおこなわれるのだ。そういうモデルでは、時間は予めいわば空間的に計量され、時間軸の上で事象の生起確率が算出される。こういう事象の生起は「運（hasard）」による想定内のものであり、高次元の必然性である確率法則にしたがって「潜勢力（potentialité）」が現実化したと、思弁的実在論では捉えられる。

一方、メイヤスーがより根源的なものと考えるのは、「偶然性（contingence）」のもとで出現する「潜在性（virtualité）」のほうだ。その背後には必然性と関連するいかなる法則もない。つまり思弁的実在論は、時間の経過が、潜在性をもつ事象（予測できない不可知な事象）を引き起こすと主張するのである。この時間はリアルタイムで刻々と過ぎていく時間であり、予め計量された時間ではない。近代において、潜勢力と結びつく時間はお馴染みのものだが、潜在性と結びつく時間を提示したことは特筆に値するだろう。

ここで、機械と生命体を分かつ境界線が再び出現してくる。機械は、過去のデータにもとづいて現在の処理をおこなう存在だ。第一次〜第二次ブームにおけるＡＩは決定論的事象、第三次ブームのＡＩは確率論的事象を相手にしたが、それでもたかだか潜勢力に対処するだけである。つまり、過去のデータの分析によって作動するので、未来に起きる全く新しい想定外の事象をうむ潜在性には対処できない。しかし、生命体は潜勢力だけでなく潜在性にも対処できる。なぜなら、生命体はリアルタイムの現在に生きており、つねに自ら作動ルールを変更していくからだ。生命体が身体をもっていま、刻々と生きていること自体が、オートポイエーシス（自己創出）の連続であり、他方それが生命体の行動の不可知性のベースになっているのである。

(9)以上の議論が示唆するように、機械的知性であるＡＩが収集し分析したデータの数学的ルールにもとづく処理結果を、未来をふくむ世界の客観的な認知にもとづく絶対的判断であるとして単純に信頼してはならない。少なくとも、人間と無関係な普遍的知性がやがて汎用ＡＩを発展させ、人間にとって幸福な未来を築いていく、という保証はまったくないのである。普遍的知性を述べ立てるトランス・ヒューマニストは、それを考えているのが人間だという事実を忘れている。シンギュラリティ仮説とむすびついた楽観論など、素朴実在論にもとづく浅薄な期待にすぎない。しいて相関主義思想を否定しても、思弁的実在論が示唆するように、悲劇的結果しか得られないだろう。

むろん、使い方次第では、第三次ブームを迎えたＡＩはわれわれにとって非常に有益となりうる。周囲環境が比較的安定している限り、機械によるデータの定型的高速処理は無駄にはならない。ＡＩによるビッグデータの統計的分析をまったく無視するのは、合理性を欠いた愚行にすぎないのである。

とりわけ、ケリーが説くようなクラウドＡＩネットは今後ますます発達し、グローバルに利用されていくのではないだろうか。カーツワイルのシンギュラリティ仮説における人間を超えた神的超知性体の出現予測には首をかしげる人々も、インターネット上で展開される専用ＡＩ機能の集まりとしてのクラウドＡＩネットには、それほど違和感をおぼえないはずだ。そこでの汎用性は、単一のアルゴリズムがもつ論理的操作の万能的な汎用性ではなく、むしろ多様なアルゴリズムが連携した集積体としての汎用性だからである。インターネットを活用し、所有よりアクセス（使用可能性）、個人労働より皆の協働を強調するケリーの議論に、明るい未来社会を予感する人々もいるだろう。

　とはいえ、そこには大きな危険もまた潜伏している。潜在性がもたらす未来の不可知性こそがフレーム問題や記号接地問題などの根本的な遠因だった。これはいかなるＡＩでもまったく変わらない。機械のすばらしく高い効率は、過去を凝縮し抽象化したモデルから得られるのであり、あえて言えば機械は過去に縛られているのだ。したがって、過去に蓄積されたデータの機械的分析に囚われすぎると、生命体としての本能的柔軟性が阻害され、かえって未来への指針を誤ることもある。地球の気候条件の激変や大地震などをはじめ、われわれを取り巻く周囲環境は次の瞬間にも大きく変動するかもしれない。これは政治経済などの社会状況も同様であり、このとき過去のデータにもとづくＡＩはまったく役に立たなくなる。

　人間（より広くは生命体）、そしてその集団がおこなう情報の身体的意味解釈の広い自由度は、潜在性のもたらす不安に対処して生き抜いていくための手段とも言えるのだ。「超知能／普遍的知性」としてのクラウドＡＩネットを過信し、人間の自由意思にもとづく選択肢を制限するなら、生命力のうむ根源的な創造性が損なわれてしまうのである。

(10)クラウドＡＩネットにおける最大の懸念事項は、「社会的責任」の問題である。ＡＩは繰り返し述べたように他律系であり、学習機能を持っていても作動上の選択肢は規定されているから、本来、ＡＩに責任を問うことなどできるはずもない。単体のＡＩロボットが眼前で行動しているとき、いかにそれが感情をもっているような印象を与えたにせよ、本気でロボットに刑事責任を負わせる人はいないだろう。

だが、クラウドＡＩネットの場合は、インターネットのなかに、多種多様な機能をもつＡＩが見えにくいかたちで潜んでいる。多数のユーザが、さまざまな情報を検索したり入力したり、互いにネット経由で対話したりしながら生活を続けている。自分の質問に回答してくれる相手は人間でなくＡＩプログラムかもしれない。あるいは、人間の書いた記事だと思っていても、ＡＩが編集して出力したものかもしれない。つまり、クラウドＡＩネットをベースにした社会的コミュニケーションのなかに、ＡＩが変幻自在なかたちで細かく参入し介在してくるのである。このとき、対話の相手が自律性をもつ人間なのか、それとも疑似的自律性しかないＡＩなのか、判断は非常に難しくなるだろう。さらに言うと、このことは、「人間より優秀なＡＩが、数学的で公平な論理にもとづいて助言や判断をおこなっている」という印象を世間に広めるかもしれない。

人々がクラウドＡＩネットを活用する社会システムは、基礎情報学的には、生命と機械が複合した「暫定的閉鎖系（ＳＥＨＳ）」として位置づけられる。それ自体は自律的な閉鎖系であり、コミュニケーションを自己準拠的に創出しながら作動しているが、そこに他律系であるＡＩが部分要素として参加し、コミュニケーションの素材を提供するわけだ。このとき、ＡＩは他律系（開放系）であり、いくらでもその作動を外部から操作可能であることに注意しなくてはならない（むろん、人間の言動もコミュニケーションの素材となるが、その言動は閉鎖系である心的システムに由来しており、外部から直接操作はできない）。ところが社会システムの観点からは、ＡＩの出力も人間の言動も他律的に見えるので、両者の区別はなかなか厄介である。

以上より、クラウドＡＩネットについては、下手をすると、無責任なコミュニケーションをはびこらせ、権力者の支配をたやすくする社会をもたらすのではないか、という懸念が生まれてくる。たとえば、政敵を貶《おとし》めて支配を正当化するために、フェイク（偽）情報を発信し流布させるＡＩなどいくらでも作れるからだ。たとえそんな企てが露呈しても、「コンピュータがやったことで、自分には責任はない」と言い逃れするかもしれない。すべての財と権力は一部の支配層に集中し、一般の人々は人間機械論のもとで電子部品以下のものにされていく。

こういう事態をふせぐには、生命体と機械の根本的な相違をはっきり自覚することが不可欠である。便利なクラウドＡＩネットも、あくまでも人間との関係性において活用しなくてはならない。真に求められるのは、人知を超えた絶対知などではなく、ネオ・サイバネティカルな観点から人間の生きる知恵をささえるＩＡ（Intelligence Amplifier）以外ではないのである。

(11)クラウドＡＩネットをトランス・ヒューマニズムに直結する風潮を建設的に批判するためには、西洋の宗教的・文化的伝統を分析し、捉え直すことが有効である。いったいなぜ、人間を超える普遍的知性を希求するトランス・ヒューマニズムが欧米でこれほど真剣に議論されるのだろうか。シンギュラリティ仮説におけるマインド・アップローディングによる不死性の獲得など、われわれには荒唐無稽な夢物語としか思えないのに、そういう研究対象になぜ欧米では巨費が投じられるのか——実は古代以来の、ギリシア哲学と一体化した中東のユダヤ＝キリスト一神教の宗教的伝統からすれば、これも決して不思議ではないのである。

　きわめて単純化すれば、トランス・ヒューマニズムは「創造神／ロゴス中心主義／選民思想」という三つのキーワードで説明できる。救済計画をもつ唯一神がこの宇宙（世界）を創造したのであり、その設計思想はロゴス（論理）をもとに記述されていて、正確な推論によって真理にたどりつける。そして、選ばれた人間だけが、ロゴス（神の御言葉）を解釈しつつ正義の実現をめざすことができる。それが正しい行為なのだ。したがって、「絶対知すなわち神の知」という公式のもとで、これを実現する汎用ＡＩという存在さえ位置づけることが可能となる。

　こう考えると、「人知を通じてより高い普遍的な絶対知をめざす」という一見矛盾した行為も、理解できるものとなる。なぜなら、ニケーア宗教会議でキリスト教の正統と認められた三位一体の教義のもと、至高の絶対神は、十字架にかけられたキリストを介して地上の人間に結びつけられたからだ。さらには、人間が神と一体化するという思想さえ現れてくる。このことはやがて、人間による科学技術の進歩を絶対善とする進歩主義につながっていく。

　聖書をつうじて全世界の人々へのキリスト教の布教を助けた要因の一つは、古代ギリシア以来の論理的整合性である。だが、それだけではない。同時に、神秘的物語性も大切な役割を果たした。端的にいって、両者をそなえた汎用ＡＩはこういう一神教的神話の二一世紀バージョンであり、決して謎めいたものでも、滑稽なものでもないのである。その研究開発の動機は、短期的欲望というより、古くからの遠大な理想主義から発している。したがって、汎用ＡＩを、永遠なる秩序の実現を求めていく高邁な志と重ねあわせることも決して不自然ではないと言えるだろう。

⑿「創造神／ロゴス中心主義／選民思想」という三つ組みのキーワードは、しかしながら一方で、きわめて危険な支配につながる独断的な思想でもある。このことをわれわれ日本人は銘記しなくてはならない。確かにその三つ組みが、飛躍的な科学技術進歩と一体になり、今の地球を覆いつくす近代社会制度の母体思想の源流となったことは否定できないだろう。だが同時に、諸々の文化も自然環境も破壊された。二〇世紀後半以降の現代思想は、そういう西洋思想のもつ唯我独尊的で侵略的でもある側面を克服しようとしてきたのである。構造主義／ポスト構造主義に代表される文化的多元（相対）主義は、この危険を西洋世界がみずから反省し自覚することから生まれてきた。そこには、人間の理性の限界を見据えた相関主義思想や現象学などの現代哲学の流れが反映されている。

　ゆえにあえて言えば、それらを無視した素朴実在論にもとづくトランス・ヒューマニズムなど、たとえ表向きは先端技術の華々しい装いをしていても、二一世紀の今日、もはや古臭い無用な思想でしかない。にもかかわらず、われわれが未だに欧米追従のみを「進歩」だと信じ込み、シンギュラリティ仮説で騒ぎ立てているのはなぜだろうか。あるいは、ロボットをアニミズムと短絡させ、幼稚な親近感ばかりを強調しているのはなぜだろうか。

　――そこで秘かにもくろまれているのは、ケチくさい目先の経済効果以外のものではない。さらにその計算の奥底には、一般の貧しい人々の餓えた心をきらびやかな科学技術の神秘的物語でみたし、半永久的に操作し支配しようとする、欲望のどす黒い河が流れている。そんな情けない発想から抜け出さないかぎり、この国の技術者や経営者たちは、再び一九八〇年代の第五世代コンピュータ開発と同じ失敗を繰り返すだろう。創造神にもロゴス中心主義にも選民思想にも無関心なまま、ただ表面的に欧米のＡＩ技術を崇拝し追随するだけでは、われわれの未来は暗い。

いったんＡＩの宗教的背景についての洞察力を得れば、「やがてＡＩロボットが人間のように自律的に、主体として賢い判断を下せるようになる」などといったグロテスクなお伽噺に惑わされることはなくなるはずだ。

われわれが真に目指すべきは、ＡＩという仮面をかぶった世界支配の野望を批判的に相対化しつつ、人間の生きる力を根源的に高める活路を切り開くことなのである。

注

【第一章】

1 哲学者ジョン・サールが、一九八〇年代に、通常のＡＩ技術（「弱いＡＩ」）と区別するために言い出した用語。

2 「フレーム問題（frame problem）」は、一九六〇年代末にジョン・マッカーシーらによって指摘された。また「記号接地問題（symbol grounding problem）」は、スティーヴン・ハルナッドによって一九九〇年代初めに命名された。

3 状況意味論、意味ネットワークなどが代表的である。

4 諸学問分野をまとめあげ、「ネオ・サイバネティクス」という名称をあたえたのは、ブルース・クラークとマーク・ハンセンによる論文（Clarke and Hansen 2009）である。ネオ・サイバネティクス全般にわたるアンソロジーとして、Clarke and Hansen (eds.) 2009 がある。また、日本語の解説文献としては、『思想』「特集　ネオ・サイバネティクスと21世紀の知」二〇一〇年七月号を参照。

5 ＨＡＣＳにおいて、心的システムだけは例外的に単独システムをなす。心的システムは自己観察ができるからである。

【第二章】

1 福島邦彦が一九七〇年代末に発表した階層型神経回路モデル「ネオコグニトロン」などは、その代表例である。

2 ヒントンのモデルにおける基本学習単位は、単純なパーセプトロンではなく、「ボルツマンマシン」と呼ばれる、人工ニューロン同士の結合度が確率分布をもつモデルが用いられている（Hinton and Salakhutdinov 2006）。

3 なお、同書が示すように、ヴァレラ自身は死ぬまで、経験と科学を架橋するような非表象主義の「エナクティヴ

（enactive）認知科学」の構築をめざしていた。

［第三章］

1　本書で言う「即自的存在」は、サルトルの言う「即自存在（être-en-soi）」とは必ずしも一致しない。
2　医療関係者に多用される、いわゆるエビデンス主義は、これを前提にしている。
3　情報哲学としてルチアーノ・フロリディの議論が知られているが、これが英米系であるのに対比すると、ネオ・サイバネティクスの一分野である基礎情報学は大陸系の情報哲学として位置づけられる。

［第四章］

1　科学理論の枠組みのことであり、トマス・クーン『科学革命の構造』で提唱され、日本では科学哲学者の中山茂によって紹介された。
2　このことはあくまで、ＡＩロボット自体に責任をとらせることなどできないという意味であり、倫理的問題をふくむ複雑な問題の解決にＡＩが寄与できないという意味ではない。ＡＩがビッグデータを高速で分析し、倫理的判断のための基礎的なデータを人間に提供してくれるとすれば、それは大いに有用だろう。

文献一覧

外国語文献

Armstrong, Karen 1993 (1999), *A History of God: From Abraham to the Present. The 4000-Year Quest for God*, William Heinemann, 1993; Vintage, 1999.（カレン・アームストロング『神の歴史——ユダヤ・キリスト・イスラーム教全史』高尾利数訳、柏書房（ポテンティア叢書）、一九九五年）

Barr, Avron, Edward A. Feigenbaum, and Paul R. Cohen (eds.) 1981-82, *The Handbook of Artificial Intelligence*, 3 vols., William Kaufmann.（『人工知能ハンドブック』全四巻、田中幸吉・淵一博監訳、共立出版、一九八三—九三年）

Clarke, Bruce and Mark B. N. Hansen 2009, "Neocybernetic Emergence: Retuning the Posthuman", *Cybernetics & Human Knowing*, Vol. 16, Nos. 1-2, pp. 83-99.（ブルース・クラーク＋マーク・ハンセン「ネオ・サイバネティックな創発——ポストヒューマンの再調律」大井奈美訳、西垣通・河島茂生・西川アサキ・大井奈美編『基礎情報学のヴァイアビリティ——ネオ・サイバネティクスによる開放系と閉鎖系の架橋』東京大学出版会、二〇一四年）

——(eds.) 2009, *Emergence and Embodiment: New Essays on Second-Order Systems Theory*, Duke University Press.

Debray, Régis 1991, *Cours de médiologie générale*, Gallimard.（レジス・ドブレ『一般メディオロジー講義』（『レジス・ドブレ著作選』第三巻）、西垣通監修、嶋崎正樹訳、ＮＴＴ出版、二〇〇一年）

Dreyfus, Hubert L. 1979, *What Computers Can't Do: The Limits of Artificial Intelligence*, Revised edition, Harper & Row.（ヒューバート・L・ドレイファス『コンピュータには何ができないか——哲学的人工知能批判』黒崎政男・村若修訳、産業図書、一九九二年）

Gabriel, Markus and Slavoj Žižek 2009, *Mythology, Madness, and Laughter: Subjectivity in German Idealism*, Continuum.（マルクス・ガブリエル＋スラヴォイ・ジジェク『神話・狂気・哄笑——ドイツ観念論における主体性』大河内泰樹・斎藤幸平監訳、堀之内出版（Nύξ叢書）、二〇一五年）

Ganascia, Jean-Gabriel 2017, *Le mythe de la singularité: faut-il craindre l'intelligence artificielle?*, Seuil.（ジャン＝ガブリエル・ガナシア『そろそろ、人工知能の真実を話そう』伊藤直子監訳、早川書房、二〇一七年）

Glasersfeld, Ernst von 1995, *Radical Constructivism: A Way of Knowing and Learning*, Falmer Press.（エルンスト・フォン・グレーザーズフェルド『ラディカル構成主義』西垣通監修、橋本渉訳、NTT出版（叢書コムニス）、二〇一〇年）

Hansen, Mark B. N. 2009, "System-Environment Hybrids", in Clarke and Hansen (eds.) 2009, pp. 113-142.

Hayles, N. Katherine 1999, *How We Became Posthuman: Virtual Bodies in Cybernetics, Literature, and Informatics*, University of Chicago Press.

——2005, *My Mother Was a Computer: Digital Subjects and Literary Texts*, University of Chicago Press.

Hinton, Geoffrey E. and Ruslan R. Salakhutdinov 2006, "Reducing the Dimensionality of Data with Neural Networks", *Science*, Vol. 313, pp. 504-507.

Kelly, Kevin 2016, *The Inevitable: Understanding the 12 Technological Forces That Will Shape Our Future*, Viking.（ケヴィン・ケリー『〈インターネット〉の次に来るもの——未来を決める12の法則』服部桂訳、NHK出版、二〇一六年）

Kurzweil, Ray 2005, *The Singularity Is Near: When Humans Transcend Biology*, Viking.（レイ・カーツワイル『ポスト・ヒューマン誕生――コンピュータが人類の知性を超えるとき』井上健監訳、日本放送出版協会、二〇〇七年）

Luhmann, Niklas 1997, *Die Gesellschaft der Gesellschaft*, Suhrkamp.（ニクラス・ルーマン『社会の社会』全二巻、馬場靖雄・赤堀三郎・菅原謙・高橋徹訳、法政大学出版局（叢書・ウニベルシタス）、二〇〇九年）

Maturana, Humberto R. and Francisco J. Varela 1980, *Autopoiesis and Cognition: The Realization of the Living*, D. Reidel.（H・R・マトゥラーナ＋F・J・ヴァレラ『オートポイエーシス――生命システムとはなにか』河本英夫訳、国文社、一九九一年）

Meillassoux, Quentin 2006a, *Après la finitude: essai sur la nécessité de la contingence*, Seuil.（カンタン・メイヤスー『有限性の後で――偶然性の必然性についての試論』千葉雅也・大橋完太郎・星野太訳、人文書院、二〇一六年）

――2006b, "Potentialité et virtualité", *Failles*, nº 2, printemps 2006, pp. 112-129.（クァンタン・メイヤスー「潜勢力と潜在性」黒木萬代訳、『現代思想』二〇一四年一月号、七八―九五頁）

――2007, "Soustraction et contraction: à propos d'une remarque de Deleuze sur Matière et mémoire", *Philosophie*, nº 96, pp. 67-93.（クァンタン・メイヤスー「減算と縮約――ドゥルーズ、内在、『物質と記憶』」岡嶋隆佑訳、『現代思想』二〇一三年一月号、一四四―一七〇頁）

――2012, "There is Contingent Being Independent of Us, and This Contingent Being Has No Reason to Be of a Subjective Nature", in Rick Dolphijn and Iris van der Tuin, *New Materialism: Interviews & Cartographies*, Open Humanities Press, pp. 71-81.（クァンタン・メイヤスー「思弁的唯物論のラフスケッチ」黒木萬代訳、『現代思想』二〇一五年六月号、一三二―一四三頁）

Rosenblatt, Frank 1958, "The Perceptron: A Probabilistic Model for Information Storage and Organization in the Brain", *Psychological Review*, Vol. 65, No. 6, pp. 386-408.

Searle, John R. 1980, "Minds, Brains, and Programs", *The Behavioral and Brain Sciences*, Vol. 3, No. 3, pp. 417-457.

Shannon, Claude E. and Warren Weaver 1949, *The Mathematical Theory of Communication*, University of Illinois Press.（クロード・E・シャノン＋ワレン・ウィーバー『通信の数学的理論』植松友彦訳、筑摩書房（ちくま学芸文庫）、二〇〇九年）

Sternberg, Eliezer J. 2010, *My Brain Made Me Do It: The Rise of Neuroscience and the Threat to Moral Responsibility*, Prometheus Books.（エリエザー・スタンバーグ『〈わたし〉は脳に操られているのか――意識がアルゴリズムで解けないわけ』大田直子訳、インターシフト、二〇一六年）

Varela, Francisco J. 1989, *Autonomie et connaissance: essai sur le vivant*, traduit de l'américain par Paul Bourgine et Paul Dumouchel, Seuil.

Varela, Francisco J., Evan Thompson, and Eleanor Rosch 1991, *The Embodied Mind: Cognitive Science and Human Experience*, MIT Press.（フランシスコ・ヴァレラ＋エヴァン・トンプソン＋エレノア・ロッシュ『身体化された心――仏教思想からのエナクティブ・アプローチ』田中靖夫訳、工作舎、二〇〇一年）

Wiener, Norbert 1948（1961）, *Cybernetics: or Control and Communication in the Animal and the Machine*, Hermann, 1948; 2nd edition, MIT Press, 1961.（ノーバート＝ウィーナー『サイバネティックス――動物と機械における制御と通信』（第二版）、池原止戈夫・彌永昌吉・室賀三郎・戸田巌訳、岩波書店、一九六二年）

Winograd, Terry 1972, *Understanding Natural Language*, Academic Press.（テリー・ウィノグラード『言語理解の構造』淵一博・田村浩一郎・白井良明訳、産業図書（コンピュータ・サイエンス翻訳選書）、一九七六年）

——1988, "A Language / Action Perspective on the Design of Cooperative Work", *Human-Computer Interaction*, Vol. 3, Issue 1, March 1987, pp. 3-30.（テリー・ウィノグラード「協調活動の設計における言語／行為パースペクティブ」西垣通訳、西垣通編著訳『思想としてのパソコン』NTT出版、一九九七年）
Winograd, Terry and Fernando Flores 1986, *Understanding Computers and Cognition: A New Foundation for Design*, Ablex.（テリー・ウィノグラード＋フェルナンド・フローレス『コンピュータと認知を理解する——人工知能の限界と新しい設計理念』平賀譲訳、産業図書、一九八九年）

邦訳文献

ヴェーバー、マックス　一九八九『プロテスタンティズムの倫理と資本主義の精神』（改訳）、大塚久雄訳、岩波書店（岩波文庫）。

ベルクソン、アンリ　二〇〇七『物質と記憶』合田正人・松本力訳、筑摩書房（ちくま学芸文庫）。

日本語文献

大貫隆　一九九九『グノーシスの神話』岩波書店。
岡谷貴之　二〇一五『深層学習』講談社（機械学習プロフェッショナルシリーズ）。
加藤隆　一九九九『『新約聖書』の誕生』講談社（講談社選書メチエ）。
神嶌敏弘編　二〇一五『深層学習』人工知能学会監修、近代科学社。
大黒岳彦　二〇一六『情報社会の〈哲学〉——グーグル・ビッグデータ・人工知能』勁草書房。
西垣通　一九八八『AI——人工知能のコンセプト』講談社（講談社現代新書）。
——一九九〇（一九九五）『秘術としてのAI思考——太古と未来をつなぐ知』筑摩書房（ちくまライブラリ

ー)、一九九〇年。のち、『思考機械』筑摩書房(ちくま学芸文庫)、一九九五年。

――一九九一(二〇〇八)『デジタル・ナルシス――情報科学パイオニアたちの欲望』岩波書店、一九九一年。のち、岩波書店(岩波現代文庫)、二〇〇八年。

――二〇〇四『基礎情報学――生命から社会へ』NTT出版。

――二〇〇八『続 基礎情報学――「生命的組織」のために』NTT出版。

――二〇一二a『生命と機械をつなぐ知――基礎情報学入門』高陵社書店。

――二〇一二b「基礎情報学の射程――知的革命としてのネオ・サイバネティクス」、『情報学研究』(東京大学大学院情報学環紀要)、第八三号、二〇一二年一〇月、一―三〇頁。

――二〇一六『ビッグデータと人工知能――可能性と罠を見極める』中央公論新社(中公新書)。

信原幸弘編 二〇一七『心の哲学――新時代の心の科学をめぐる哲学の問い』新曜社(ワードマップ)。

深井智朗 二〇一七『プロテスタンティズム――宗教改革から現代政治まで』中央公論新社(中公新書)。

渕一博・赤木昭夫 一九八四『第5世代コンピュータを創る――渕一博に聞く』日本放送出版協会。

松尾豊 二〇一五『人工知能は人間を超えるか――ディープラーニングの先にあるもの』KADOKAWA(角川EPUB選書)。

西垣　通（にしがき・とおる）

一九四八年生まれ。東京大学工学部計数工学科卒業。日立製作所、スタンフォード大学でコンピュータ・システムの研究開発に携わったのち、明治大学教授、東京大学教授、東京経済大学教授を歴任。東京大学名誉教授。工学博士。専門は、情報学・メディア論。

著書に、『ＡＩ』（講談社現代新書）、『デジタル・ナルシス』（岩波現代文庫、サントリー学芸賞）、『ペシミスティック・サイボーグ』（青土社）、『マルチメディア』（岩波新書）、『基礎情報学』（ＮＴＴ出版）、『集合知とは何か』（中公新書）、『ネット社会の「正義」とは何か』（角川選書）、『ビッグデータと人工知能』（中公新書）ほか多数。

AI《エーアイ》原《げん》論《ろん》
神《かみ》の支《し》配《はい》と人間《にんげん》の自《じ》由《ゆう》

二〇一八年　四月一〇日　第一刷発行
二〇二五年　二月　七日　第七刷発行

著者　西《にし》垣《がき》　通《とおる》

発行者　篠木和久
発行所　株式会社　講談社
東京都文京区音羽二丁目一二—二一　〒一一二—八〇〇一
電話（編集）〇三—五三九五—三五一二
（販売）〇三—五三九五—五八一七
（業務）〇三—五三九五—三六一五

KODANSHA

装幀者　奥定泰之
本文データ制作　講談社デジタル製作
本文印刷　株式会社　新藤慶昌堂
カバー・表紙印刷　半七写真印刷工業株式会社
製本所　大口製本印刷株式会社

ISBN978-4-06-258675-7　Printed in Japan　N.D.C.118　197p　19cm

講談社選書メチエの再出発に際して

講談社選書メチエの創刊は冷戦終結後まもない一九九四年のことである。長く続いた東西対立の終わりはついに世界に平和をもたらすかに思われたが、その期待はすぐに裏切られた。超大国による新たな戦争、吹き荒れる民族主義の嵐……世界は向かうべき道を見失った。そのような時代の中で、書物のもたらす知識が一人一人の指針となることを願って、本選書は刊行された。

それから二五年、世界はさらに大きく変わった。特に知識をめぐる環境は世界史的な変化をこうむったとすら言える。インターネットによる情報化革命は、知識の徹底的な民主化を推し進めた。誰もがどこでも自由に知識を入手でき、自由に知識を発信できる。それは、冷戦終結後に抱いた期待を裏切られた私たちのもとに差した一条の光明でもあった。

その光明は今も消え去ってはいない。しかし、私たちは同時に、知識の民主化が知識の失墜をも生み出すという逆説を生きている。堅く揺るぎない知識も消費されるだけの不確かな情報に埋もれることを余儀なくされ、不確かな情報が人々の憎悪をかき立てる時代が今、訪れている。

この不確かな時代、不確かさが憎悪を生み出す時代にあって必要なのは、一人一人が堅く揺るぎない知識を得、生きていくための道標を得ることである。

フランス語の「メチエ」という言葉は、人が生きていくために必要とする職、経験によって身につけられる技術を意味する。選書メチエは、読者が磨き上げられた経験のもとに紡ぎ出される思索に触れ、生きるための技術と知識を手に入れる機会を提供することを目指している。万人にそのような機会が提供されたとき初めて、知識は真に民主化され、憎悪を乗り越える平和への道が拓けると私たちは固く信ずる。

この宣言をもって、講談社選書メチエ再出発の辞とするものである。

二〇一九年二月　　野間省伸